11 MAR. 2004

KOMEDIE

tom I

Serię „Biblioteka Antyczna" stworzył
i zainicjował jej wydawanie w 1998 r.
Jerzy Ciechanowicz

BIBLIOTEKA ANTYCZNA

PLAUT
KOMEDIE

tom I

ŻOŁNIERZ SAMOCHWAŁ
AMFITRION

Przełożyła, wstępem i przypisami opatrzyła
Ewa Skwara

Prószyński i S-ka

Tytuły oryginałów
Miles gloriosus
Amphitruo

Copyright for the Polish translation © by Ewa Skwara, 2002

Konsultacja
prof. Janina Ławińska-Tyszkowska,
Uniwersytet Wrocławski

Redakcja
Ariadna Masłowska-Nowak

Korekta
Justyna Mańkowska

Projekt okładki
Katarzyna A. Jarnuszkiewicz
Michał Korwin-Kossakowski

Książka dofinansowana ze środków Komitetu Badań Naukowych

ISBN 83-7255-135-9

Warszawa 2002

Amfitrion – wydanie pierwsze
Żołnierz samochwał – wydanie drugie

Wydawca
Prószyński i S-ka SA
ul. Garażowa 7
02-651 Warszawa

Druk i oprawa
Drukarnia Naukowo-Techniczna Spółka Akcyjna
ul. Mińska 65
03-828 Warszawa

MISTRZ KONCEPTU

W teatrze europejskim doprawdy trudno znaleźć komedię, o której można by powiedzieć, że nie ma w niej nawet śladu Plauta. Nie znaczy to jednak, że dzieje gatunku są jedynie powieleniem twórczości rzymskiego komediopisarza i że – tym samym – odmawia się oryginalności Szekspirowi, Molierowi, Goldoniemu i innym wielkim mistrzom. Zasługą Plauta jest przede wszystkim dostarczenie komedii zbioru fabuł i intryg, a także galerii postaci-typów, „wyposażonych" w wady ludzkie, którym łatwo nadać kształt karykaturalny. Pod tym względem Plaut był prawdziwym mistrzem konceptu – jego sztuki są niewyczerpanym źródłem śmiesznych chwytów, bastonad, przebrań, omyłek, teatru w teatrze, nieporozumień, *qui pro quo* oraz gier miłości, zazdrości i głupoty. Można by powiedzieć, że Plaut stworzył komedię, ale... to nieprawda.

Komedia

Komedia, jak zresztą cały teatr, to wynalazek Greków. Jej źródłem były popularne wśród plemion doryckich żarty, improwizowane przez ludowych wesołków, które z czasem przekształciły się w dowcipne scenki obyczajowe, tzw. farsy doryckie. Na komedii odcisnęła także swoje piętno tradycja attycka – przede wszystkim satyryczne piosenki o charakterze dramatycznym, śpiewane w Atenach podczas procesji w święta Dionizosa. Dziś uważa się, że stąd właśnie komedia wzięła swą nazwę: *kómos* – 'wesoły orszak', *odé* – 'pieśń', choć już w starożytności doszukiwano się także innej, doryckiej etymologii.[1]

---

[1] Por. Arystoteles, *Poetyka* 1448a 35nn.

Według źródeł antycznych za pierwsze przedstawienie komedii uchodzi sztuka Chionidesa. Wystawiono ją w ateńskim teatrze Dionizosa w 486 r. p.n.e. Początkowo tworzono sztuki o bardzo prostej i zaledwie zarysowanej fabule, nasycone satyrą na polityczne i kulturalne życie miasta. Historia literatury nazywa je komedią staroattycką lub arystofanejską, zwaną tak od imienia największego przedstawiciela tego okresu – Arystofanesa. Upadek demokracji ateńskiej po wojnie peloponeskiej (404 r. p.n.e.) przyniósł kres wolności słowa, a tym samym nastąpił koniec tego rodzaju komedii. Komediopisarze nie mogli już sobie pozwolić na krytykę i satyryczne uwagi pod adresem znanych polityków, co było cechą charakterystyczną dotychczasowych utworów.

Obiektem zainteresowania stał się zatem przeciętny obywatel i jego życie prywatne, a satyra i ewentualna krytyka skierowane zostały przeciwko wadom i przywarom typowym dla rodzaju ludzkiego. Na scenie pojawiła się więc galeria postaci uniwersalnych, obecnych zawsze i w każdej społeczności: hulacy i rozrzutnicy, pasożyci, kobiety z półświatka, surowi ojcowie, lekkomyślni młodzieńcy, piastunki i kucharze. Tak narodziła się (po 400 r. p.n.e.) komedia, zwana średnią, która wprowadziła na scenę obrazki z życia rodzinnego. Z tego okresu zachowało się bardzo niewiele: w całości znamy dwie ostatnie sztuki Arystofanesa (*Sejm kobiet*, *Plutos*), a ponadto jedynie fragmenty i nazwiska autorów. Największymi przedstawicielami komedii średniej byli: Antyfanes, słynący z parodii tematów tragicznych i mitologicznych; Aleksis, któremu przypisuje się wprowadzenie na scenę postaci pasożyta; Anaksandrides, „wynalazca" motywu uwiedzenia dziewczyny.

Komedia średnioattycka to pierwsze stadium przemian dokonujących się w gatunku.[2] Jej doskonalszą formą była komedia nowa, która rozwinęła się po upadku niepodległości Grecji (330 r. p.n.e.). Posługiwała się intrygą, przedstawiała typowe charaktery i z dużą dozą naturalizmu umiała odtworzyć zachowania ludzi i obrazki z życia codziennego. Do największych przedstawicieli komedii nowej należą: Difilos, Filemon, Menander i Apollodor z Karystos. Właśnie ich dzieła stały się inspiracją dla komediopisarzy rzymskich tworzących palliatę.[3]

---

[2] J. Łanowski: *Literatura Grecji starożytnej w zarysie*. PWN, Warszawa 1987, s. 95–98.

[3] E. Skwara: *Wprowadzenie*. [W:] Plaut, *Żołnierz samochwał*. Wydawnictwo Sorus, Poznań 1998, s. 7–8.

Rzymianie wprawdzie podbili Grecję, ale Grecja zawojowała ich swoją kulturą, sztuką i literaturą.[4] Komedia nie była tu wyjątkiem. Kiedy we wrześniu 240 r. p.n.e. podczas świąt *ludi Romani* grecki wyzwoleniec-poeta, Liwiusz Andronik, wystawił swoją pierwszą komedię, rozpoczynając w ten sposób dzieje literatury łacińskiej, pokazał sztukę opartą na wzorach greckich: akcja rozgrywała się w którymś z greckich miast, a na scenie, prezentującej greckie realia, bohaterami byli Grecy. Naturalną konsekwencją stał się kostium – krótki grecki płaszcz, zwany przez Rzymian *pallium* (zob. il. 3). Dlatego ten rodzaj komedii zaczęto nazywać palliatą (*fabula palliata*).

Rzymianie mogli wprawdzie poszczycić się własnymi, rodzimymi odmianami komedii – takimi jak fescenniny czy farsa italska, *atellana* – ale komedia oparta na wzorach greckich zdominowała scenę rzymską na całe stulecie: od połowy III do połowy II w. p.n.e. Na początku II w. p.n.e. pojawiła się jeszcze togata (*fabula togata*), sztuka grana, jak sama nazwa wskazuje, w rzymskich togach i przedstawiająca realia małych miasteczek italskich. Togata pod względem budowy, fabuły i skonwencjonalizowanych postaci bardzo przypominała palliatę, ale nigdy nie dorównała jej poziomem ani popularnością. Mówiąc zatem o komedii rzymskiej, myśli się zwykle o palliacie i jej największych przedstawicielach – Plaucie i Terencjuszu, zwłaszcza że to, co zachowało się z innych odmian gatunku, takich jak fescenniny, atellana czy togata, często nie pozwala nawet na rekonstrukcję ich fabuły.

Palliata korzystała z greckiej komedii nowej, przejęła jej tematy, schematy intrygi i typy bohaterów, którym *a priori* przypisane były stałe cechy i zawsze ta sama rola w przebiegu akcji. Komediopisarze rzymscy posługiwali się techniką, zwaną *contaminatio*, polegającą na łączeniu wątków i scen kilku greckich komedii w nową całość. Często także wprowadzano do fabuły postaci z innych sztuk. Nie można jednak uznawać tych komedii ani za plagiat (starożytni nie znali tego pojęcia), ani za przekład, twórcy palliaty bowiem wykazywali się dużym talentem i inwencją, a nierzadko nadawali swoim utworom rzymski koloryt. Taka dramatyczna parafraza była twórczym przetworzeniem greckich sztuk, wcale nieprzekreślającym indywidualnego wkładu pisarza, a jego dzieło zachowywało autonomię wobec wzoru.

---

[4] Por. Horacy, *Listy* 2,1,156: „Podbita Grecja dzikich zwycięzców podbija" (przeł. J. Sękowski).

Tematem palliaty były zwykle perypetie lekkomyślnego lub niezaradnego młodzieńca, starającego się o względy wybranki swego serca. Uczucie dwojga młodych napotykało różnego rodzaju przeszkody. Przede wszystkim dziewczyna bardzo często pozostawała w rękach stręczyciela, należało ją zatem od niego wydostać lub wykupić, do czego potrzebne były pieniądze, których młodzieniec oczywiście nie miał. Na drodze kochanków pojawiały się także inne przeszkody: niekiedy był to jej lub jego ojciec, a także konkurent, którym najczęściej okazywał się żołnierz, a nierzadko sam ojciec młodego kochanka. Ponieważ młodzieniec – jak już wspomniano – odznaczał się wyjątkową niezaradnością lub lekkomyślnością, co w przebiegu akcji dawało ten sam rezultat: brak pieniędzy i brak nadziei na zdobycie dziewczyny, przy jego boku stał sprytny niewolnik – *spiritus movens* całej intrygi. Fabułę można bardzo często sprowadzić do funkcji matematycznej:

$$w\left(\frac{x-y}{z}\right) = x + y$$

gdzie x i y oznacza parę kochanków rozłączonych przez przeszkodę wyrażoną jako z. W wyniku zastosowania podstępu (w) kochankowie odnajdują się jednak i znów są razem.[5] Parę prawie zawsze (wyjątkiem jest komedia *Persa*) stanowili: wolno urodzony młodzieniec i pozostająca w rękach stręczyciela hetera lub dziewczyna dopiero przygotowywana do tej profesji. Niekiedy obiektem uczuć zostawała córka jakiegoś greckiego obywatela, ale w takim wypadku nie pojawiała się na scenie, a jedynie była przedmiotem intrygi.

Do najczęstszych motywów palliaty należała rozłąka, odnalezienie i rozpoznanie, co szczególnie często wykorzystywał w swoich sztukach Terencjusz. Plaut natomiast kochał wszelkiego rodzaju przebieranki i zabawę w „teatr w teatrze".

Pierwszym przedstawicielem palliaty był – jak już wiemy – Liwiusz Andronik. Jeśli jednak możemy wnioskować cokolwiek pewnego na podstawie dostępnych nam okruchów jego twórczości dramatycznej i jeśli przyjmiemy proporcję zachowanych fragmentów komedii do tragedii za dowód preferencji autora (znamy jedynie 3 tytuły i 6 wersów komedii, natomiast z tragedii zachowało się „aż" 9 tytułów i 41 wersów), to można zaryzykować twierdzenie, że poecie bliższa była tragedia. Jego następca natomiast, Gnejusz

---

[5] D. Konstan: *Roman Comedy*. Cornell University Press, London 1983, s. 28.

Newiusz, zdecydowanie wolał służbę u Talii, muzy komedii. Z jego twórczości przetrwało również niewiele (33 tytuły i 140 wersów), ale dzięki tradycji pośredniej wiadomo, iż wykazywał sporo inwencji, a jego palliaty cieszyły się dużym powodzeniem. Obaj poeci zdobyli jednak tytuł do chwały w zupełnie innym gatunku – eposie. Największą zasługą Liwiusza dla rozwoju literatury łacińskiej był przekład *Odysei* Homera, Newiusz zaś wsławił się przede wszystkim epopeją *Bellum Punicum*. Dla obu twórczość komediowa stanowiła jedynie niewielką część działalności literackiej. Dopiero Plaut poświęcił się wyłącznie palliacie i przyczynił się do jej wspaniałego rozkwitu. Po raz drugi palliata osiągnęła szczytowy punkt rozwoju za sprawą Terencjusza. Obu komediopisarzy dzieliły dwa pokolenia; w tym czasie palliatę tworzyli: Enniusz, Cecyliusz Stacjusz i Luscjusz z Lanuwium. Niestety, z ich twórczości przetrwało równie niewiele, jak z komedii poetów poprzedzających Plauta. Turpiliusz (zmarły w 103 r. p.n.e.), młodszy od Terencjusza o jedno pokolenie, zamyka dzieje tej odmiany komedii.

Plaut...

Niewiele pewnego można powiedzieć o Plaucie. Pojawił się w Rzymie jako *peregrinus*, przybył z Sarsyny (*Sarsina*), małego miasteczka w Umbrii, które nie miało żadnego znaczenia politycznego ani kulturalnego. Był wolnym człowiekiem – lecz synem wyzwoleńca.

Imię znamy od samego Plauta: pochwalił się nim w prologu komedii (*Asinaria*, w. 11), nazywając siebie *Maccus*. Jest to prawdopodobnie przydomek, ponieważ tak określano używaną w atellanie popularną maskę, która uchodziła za jedną z najbardziej komicznych, prezentowała bowiem postać głupca. Tego rodzaju przezwisko sugeruje, że w artystycznym życiorysie Plauta były, być może, jakieś epizody związane z atellaną. Nie jesteśmy jednak pewni, czy przydomek brzmiał *Maccus*, znamy przecież jedynie dopełniacz tego słowa: *Macci*, co oznacza, że mianownik mógł mieć formę zarówno *Maccus*, jak i *Maccius*. Dodatkowo sprawę komplikuje fakt, iż w Umbrii istniał ród Makcjuszów, z którego Plaut prawdopodobnie się wywodził. Byłoby to zatem nazwisko rodowe (*nomen gentile*). *Plautus* znaczy 'o płaskich stopach', co wskazywałoby, że komediopisarz był w jakiejś trupie teatralnej, być może mimicznej, gdzie aktorów grających boso nazywano właśnie *planipedes* – 'płaskostopi'.

Wiadomości o dalszych kolejach życia Plauta są dość niepewne. Dane, jakie przekazała starożytność, do złudzenia przypominają greckie biografie rozpowszechniane przez szkołę perypatetyków. Pełno w nich niezwykłych przygód i nieprawdopodobnych zdarzeń. Życiorys Plauta, jaki do nas dotarł, nazywany jest „legendą Warrońską", pochodzi bowiem od tego uczonego, ale ogromna zbieżność faktów z treścią samych komedii budzi wątpliwość co do autentyczności przekazu. Prawdopodobnie Warron próbował zrekonstruować fakty poprzez analizę utworów, podejrzewając, że poeta czerpał materiał z własnego doświadczenia.

Dysponujemy zatem anegdotyczną opowieścią o niepowodzeniach Plauta w transakcjach handlowych, na których stracił cały majątek zdobyty pracą w teatrze, jak pisze Gelliusz (*Noce attyckie* 3,3,14) – „przy artystach scenicznych". Możemy jedynie przypuszczać, że był już wtedy aktorem. Zrujnowany przez owo przedsięwzięcie zatrudnił się u młynarza, gdzie obracał żarna, aby zarobić na chleb. W czasie wolnym od tej morderczej pracy napisał trzy niezachowane komedie: *Saturio*, *Addictus* i jeszcze jedną o nieznanym dziś tytule. Relacja ta budzi sporo wątpliwości. Np. dlaczego Plaut nie zaczął od razu pracy w teatrze, zamiast – jak niewolnicy z jego komedii – obracać żarna we młynie?

Pewnych i potwierdzonych dat mamy również niewiele. Karierę autora dramatycznego rozpoczął dość późno, około czterdziestego roku życia. Cyceron wspomniał, że Plaut wystawił swego *Pseudolusa* w starości, a ponieważ z innego źródła wiemy, iż było to w 191 r. p.n.e., możemy przypuszczać, że mógł mieć około 60 lat, a wówczas oznaczałoby to, że urodził się około 250 r. p.n.e. Gelliusz natomiast odnotował, że Plaut w 218 r. p.n.e. zasłynął jako autor sztuk scenicznych. Nie znamy daty śmierci komediopisarza, wiemy jedynie, że po roku 184 p.n.e. zamilkł.

...*i jego komedie*

Nie wiadomo, ile sztuk Plaut naprawdę napisał. Już w starożytności imię autora było tak popularne, że w obiegu krążyło około 130 przypisywanych mu utworów. Warron zbadał je wszystkie pod względem stylu i uznał za autentyczne tylko 21; zachowały się one w całości z wyjątkiem jednej (*Vidularia*).

Oto lista komedii Plauta wraz z tytułami polskimi, pod jakimi dotychczas były tłumaczone oraz ukażą się w nowym przekładzie, a także wykaz greckich pierwowzorów:

Tytuł łaciński	Tytuł polski	Autor greckiego pierwowzoru	Tytuł grecki (w transkrypcji)
Amphitruo	Amfitrion		
Asinaria	Ośla komedia, Osły	Demofilos	*Onagos*
Aulularia	Skarb, Misa	Menander(?)	
Bacchides	Siostry, Dwie Bakchidy	Menander	*Dis Exapaton*
Captivi	Jeńcy		
Casina	Kasina, Panna młoda, Wesele Bazylii	Difilos	*Kleroumenoi*
Cistellaria	Skrzynkowa komedia, Skrzyneczka	Menander	*Synaristosai*
Curculio	Kurkulion, Tasiemiec		
Epidicus	Epidikus, Obwieś		
Menaechmi	Bracia, Dwaj Menechmi		
Mercator	Kupiec	Filemon	*Emporos*
Miles gloriosus	Żołnierz samochwał		*Alazon*
Mostellaria	Strachy, Nawiedzony dom	Filemon(?)	*Phasma*
Persa	Pers, Człowiek z Persji		
Poenulus	Punijczyk, Człowiek z Kartaginy	Menander(?)	*Karchedonios*
Pseudolus	Pseudolus, Krętacz		
Rudens	Lina	Difilos	*Pera*(?)
Stichus	Stychus, Porządek	Menander	*Adelphoi*
Trinummus	Dzień trzech groszy, Za trzy miedziaki	Filemon	*Thesauros*
Truculentus	Gbur, Dzikus		
Vidularia	Koszykowa komedia, Koszyczek		

Nie dla wszystkich komedii Plauta można wskazać grecki oryginał, jednak wydaje się, że także w pozostałych przypadkach komediopisarz korzystał z dzieł autorów komedii nowej.

Próby ustalenia chronologii sztuk niestety nie przyniosły rezultatów. Dokładnie znamy daty wystawienia jedynie dwóch komedii: *Stichus* (200 r. p.n.e.) i *Pseudolus* (191 r. p.n.e.). Najwcześniejsza data, jaką dysponujemy, pojawia się w sztuce *Miles gloriosus*, gdzie Plaut robi aluzję do poety Newiusza, co dowodzi, że utwór musiał powstać po roku 204 p.n.e. (zob. *Żołnierz samochwał*, przypis do w. 230). Wprawdzie różne uwagi dotyczące aktualnych wydarzeń w Rzymie pozwalają niekiedy określić *terminus post quem* i *terminus ante quem*,[6] ale to nie wystarcza do chronologicznego uporządkowania komedii. Np. uwaga o wojnie punickiej uczyniona w sztuce *Cistellaria* (w. 197–202)[7] pozwala sądzić, że komedia ta powstała nie później niż w 202 r. p.n.e., a aluzja do słynnego procesu o orgie na Bachanaliach, zawarta w utworze *Casina* (w. 980), każe go datować na rok 185 lub 184 p.n.e. Należy jednak podkreślić, że ta metoda datacji nie zawsze jest doskonała; np. komedia *Menaechmi* zawiera uwagę na temat tyrana Syrakuz, Hierona (w. 412), co pozwala szacować ją na około 215 r. p.n.e., ale w wersie 196 natrafiamy na aluzję do Scypiona, a to z kolei skłania filologów, by umieścić sztukę prawie 30 lat później, w roku 186 p.n.e.

Drugim, dodatkowym kryterium pozwalającym ustalić chronologię względną jest liczba pojawiających się w poszczególnych komediach partii lirycznych, zwanych popularnie kantykami. Przyjmuje się, że *cantica* są wyrazem dojrzałości i doskonałości warsztatu Plauta, a zatem im jest ich więcej, tym późniejsza data powstania komedii. Na tej właśnie podstawie zakłada się, że wspomniana już przez nas sztuka *Menaechmi*, ze swymi licznymi kantykami, powstała raczej w późniejszym niż wcześniejszym okresie.

Ponieważ nie można wyznaczyć dokładnej chronologii, dzieli się twórczość Plauta na trzy okresy: wczesny, środkowy i późny. Z dość dużym prawdopodobieństwem udaje się przyporządkować kilka sztuk poszczególnym etapom:

okres wczesny – *Asinaria*, *Mercator*, *Miles gloriosus* (około 205 r. p.n.e.), *Cistellaria* (przed 201 r. p.n.e.);
okres środkowy – *Stichus* (200 r. p.n.e.), *Aulularia*, *Curculio*;
okres późny – *Pseudolus* (191 r. p.n.e.), *Bacchides*, *Casina* (185 albo 184 r. p.n.e.).

Datacja pozostałych komedii budzi sporo kontrowersji.[8]

---

[6] Jest to metoda szeroko stosowana w badaniach historyczno-literackich, polegająca na określeniu dwóch dat:
– daty, **po** której z całą pewnością musiał powstać utwór, ponieważ zawiera aluzje do wcześniejszych wydarzeń (*terminus post quem*);
– daty, **przed** którą został napisany, ponieważ wspominają o nim inne źródła (*terminus ante quem*).

[7] Wszystkie lokalizacje we wstępach podawane są według łacińskiego oryginału.

[8] G. E. Duckworth: *The Nature of Roman Comedy. A Study in Popular Entertainment*. Princeton University Press, Princeton, New Jersey 1952, s. 52–56.

Komedie Plauta można klasyfikować na różne sposoby, ale ich niesłychana barwność i różnorodność sprawia, że nie poddają się jednoznacznej systematyzacji. Starożytni dzielili je na utwory o tempie gry spokojnym (*statariae, quietiores*) lub żywym (*motoriae, turbulentae*). Te pierwsze miały nastrój poważny i często uważano je za rodzaj dramatu rodzinnego (*Captivi, Cistellaria, Rudens, Trinummus* czy *Stichus*). Ich treścią były kłopoty i zmartwienia spadające na dom i rodzinę, a choć kończyły się szczęśliwie, charakteryzował je ton pełen powagi i niepozbawiony moralizatorstwa. *Motoriae* wymagały od aktorów szybkiej, brawurowej wręcz gry, do jakiej zmuszał farsowy charakter utworów, z mnóstwem przebieranek i burleskowych gagów. W palliatach o tak żywym tempie gry wyróżnia się dziś trzy rodzaje sztuk: komedie intrygi, komedie charakteru i farsy.

Treścią komedii intrygi jest przeprowadzenie chytrze obmyślonego planu, działanie podstępem lub znalezienie wyjścia z trudnej sytuacji, którą los zgotował bohaterom. Prawie zawsze intrygę knuje jakiś sprytny niewolnik, a jego celem jest zdobycie pieniędzy poprzez oszustwo. Znakomita większość utworów Plauta to właśnie komedie intrygi.

Komedie charakteru skupiają się przede wszystkim na ludzkich wadach i przywarach, szczególnie na tych, które łatwo skarykaturować. Do sztuk prezentujących komiczne postaci-typy należą:

Aulularia, w której Plaut tak wspaniale przedstawia karykaturalny wizerunek skąpca, że komedia stała się potem kanwą dla słynnej sztuki Moliera;

Miles gloriosus, gdzie poeta kreśli typ zachwyconego swoją urodą i odwagą wojaka – wzoru dla całej plejady jego następców w teatrze nowożytnym: poczynając od Szekspirowskiego Falstaffa i Fredrowskiego Papkina, aż po Zagłobę z powieści Sienkiewicza;

Truculentus, z typem „złej", pozbawionej uczuć i skrupułów hetery, cynicznie doprowadzającej swych kochanków do ruiny. Trzeba jednak dodać, że w wielu sztukach Plauta występują postaci, które, chociaż nie są pierwszoplanowe, stanowią karykaturę ludzkich wad (np. Ballio w utworze *Pseudolus* jest ucieleśnieniem zachłanności każdego stręczyciela).

Trzeci typ komedii granych w żywym tempie to farsy, skupiające cały wysiłek nie tyle na budowaniu intrygi, co raczej na rozbawieniu publiczności poprzez komizm sytuacyjny wpleciony w żywiołową akcję, pełną nieprawdopodobnych zbiegów okoliczności i powikłań. Jedynym celem farsy było pobudzenie widza do żywiołowego śmiechu, o który nietrudno, gdy na scenie pojawia się np. mężczyzna przebrany za pannę młodą (jak w sztuce *Casina*). Zaprezentowany tu podział nie do końca odzwierciedla złożoność komedii Plauta, ponieważ niektóre ze sztuk można zakwalifikować do kilku grup równocześnie.

Bohaterami komedii Plauta są skonwencjonalizowane postaci palliaty, które występowały jako typy przyporządkowane maskom, zwanym *personae*. Najczęściej pojawiające się w sztuce maski, czyli *personae dramatis*, to: starzec, młodzieniec, panna lub hetera i oczywiście niewolnik. Plaut obdarzył postaci tak charakterystycznymi cechami, że uważa się je za typowe dla tej odmiany komedii. Stały się wzorcowe do tego stopnia, że gdy pół wieku później Terencjusz wyposażył swoje maski-postaci w inny zestaw cech, uznano to za złamanie konwencji.

Plaut – jak już wspomnieliśmy – przypisał bohaterom stałe i bardzo wyraziste cechy, których odzwierciedleniem były tradycyjne maski. Można wyróżnić dwa rodzaje masek: rodzinne i zawodowe. Oto krótka prezentacja najważniejszych.

Typy rodzinne:

senex ('starzec') – postać ta w palliacie była wolno urodzonym obywatelem *polis*, w której rozgrywała się akcja. *Senex* posiadał więc nie tylko prawa człowieka wolnego, ale także wysoki status w hierarchii społecznej, jaki zapewniało obywatelstwo. Z reguły pojawiał się w roli ojca lub męża (albo obu jednocześnie), a jego działanie na scenie można zaliczyć do jednej z trzech kategorii: ojciec, podstarzały kochanek, pomocny przyjaciel. U Plauta *senex* pojawia się zazwyczaj jako skąpy chciwiec, odznaczający się chorobliwą wręcz podejrzliwością. Niekiedy komediopisarz czyni z niego rywala młodzieńca, często jego własnego syna. Owe spóźnione zapały miłosne są niezwykle zabawnym motywem sztuki. *Senex* nie jest czarnym charakterem, ale niejednokrotnie staje się celem intrygi.

adulescens ('młodzieniec') – jedna z głównych postaci fabuły. Zawsze był wolno urodzonym synem obywatela i prawie zawsze zakochanym. Postać ta pojawiała się w dwóch odmianach: jako młodzieniec niezaradny albo lekkomyślny. W obu przypadkach potrzebna mu była pomoc sprytnego niewolnika, który zdobywał dla niego pieniądze i załatwiał wszystkie inne sprawy.

matrona ('kobieta zamężna') – występowała na scenie wyłącznie w roli żony starca i matki młodzieńca, była więc w wieku dość poważnym. U Plauta jest zawsze stara, brzydka, zła i gadatliwa. Bywa postrachem wszystkich domowników, boją się jej nie tylko niewolnicy, ale także syn i mąż. Do najgorszych przekleństw w komedii Plauta należy życzenie komuś, by go żona przeżyła.

virgo ('panna') – była jedną z postaci komedii, która prawie nigdy nie pojawiała się na scenie. Widzowie wiedzieli, że istnieje, bo wokół niej kręciła się intryga, ale zwykle przebywała w głębi domu. Inne postaci opowiadały o niej, ale ona sama pozostawała nieobecna. Jedynie w dwóch komediach Plauta (*Persa*, *Trinummus*) wychodzi na scenę, ale i wówczas nie wypowiada ani słowa.

servus ('niewolnik') – postać najliczniej reprezentowana w palliacie. Nie ma sztuki, w której by się nie pojawił. Ten sprytny i obrotny frant, mający za pana zakochanego, a przy tym zupełnie bezradnego młodzieńca, podejmował skuteczne działania zarówno w jego interesie, jak i za niego. Był *spiritus movens* intrygi. Postać ta miała dwie odmiany: niewolnika sprytnego lub głupiego; przy czym ten pierwszy był bardziej rozpowszechniony, a drugi stawał się często jego ofiarą (zob. il. 5).

ancilla ('niewolnica') lub *anus* ('piastunka') – postać ta stosunkowo rzadko gościła na scenie, odgrywała bowiem rolę drugorzędną. U Plauta charakterystyczną cechą *anus* jest szczególne upodobanie do wina.

Typy zawodowe:

meretrix ('hetera') – najczęściej pojawiająca się postać kobieca w palliacie. Grała zazwyczaj rolę obiektu westchnień młodzieńca. Postać ta miała kilka odmian: hetera ze stażem i dziewczyna dopiero przygotowywana do zawodu, tzw. jeszcze-nie-hetera, która zwykle okazywała się porzuconą w dzieciństwie córką obywatela, co natychmiast zmieniało jej status społeczny. Ten typ hetery występuje u Plauta w roli czułej kochanki, którą zły stręczyciel rozdziela z ukochanym, a odkrycie jej prawdziwego pochodzenia pozwala na małżeństwo i przynosi szczęśliwe zakończenie. Wśród heter ze stażem występowała grupa niezależnych i stanowiących o sobie kurtyzan oraz grupa dziewcząt podporządkowanych władzy stręczyciela. Te ostatnie pełniły funkcję podobną do roli *virgo*, natomiast hetera niezależna była bardziej wyrazista i aktywna na scenie. U Plauta zazwyczaj pojawia się jako *femme fatale*, która jest wprawdzie niezdolna do miłości, ale doprowadza do ruiny zakochanych w niej młodzieńców (zob. il. 2).

leno ('stręczyciel') – czarny charakter palliaty wyposażony we wszystkie najgorsze cechy. Jest chciwy i cyniczny, słynie z kłamstwa i krzywoprzysięstwa. Czasem pojawia się żeński odpowiednik tej profesji – stręczycielka, ale z wyjątkiem płci nie ma żadnych różnic w sposobie charakteryzowania tej postaci. U Plauta stręczyciel jest zawsze celem intrygi.

miles ('żołnierz') – jedna z najkomiczniejszych postaci palliaty. Ten samochwał i narcyz, chełpiący się swymi czynami wojennymi i powodzeniem u płci pięknej, często grał rolę rywala-konkurenta do serca i względów hetery bądź *virgo*. Wówczas zawsze stawał się celem intrygi, a w konsekwencji jej ofiarą. Mimo iż pełni u Plauta funkcję czarnego charakteru, jest jednak bardziej komiczny niż przerażający.

parasitus ('pasożyt') – nieodłączny towarzysz żołnierza. Jego status społeczny był niejasny, mieścił się gdzieś między obywatelem a sługą. Pasożyt był osobą wolną, a zależności, w jakie się wikłał, wynikały z jego własnego wyboru. Zalicza się go do typu zawodowego, ponieważ utrzymywał się ze schlebiania i nadstawiania grzbietu, dzięki czemu zawsze umiał sobie wyjednać zaproszenie na obiad. Ta barwna, choć drugorzędna, postać przeważnie odgrywała rolę ofiary, podobnie jak jego patron – żołnierz.

cocus ('kucharz') – ten specjalny typ niewolnika odgrywał w fabule drugoplanową rolę, ale był niewyczerpanym źródłem komizmu. U Plauta jest synonimem złodzieja, bowiem wraz z jego wejściem do domu gospodarz tracił połowę zapasów żywności, a nierzadko też mienia.

Plaut wprowadził – jak się wydaje – także nowe maski, których nie spotyka się ani we fragmentach wcześniejszych sztuk, ani u Terencjusza. Nowe typy są raczej nielicznie reprezentowane:

danista ('lichwiarz') – czarny charakter, który stawał się celem podstępów i intryg. Był postacią bardziej przerażającą niż komiczną.

medicus ('lekarz') – pojawia się w jednej tylko komedii (*Menaechmi*), gdzie aplikuje choremu koszmarną kurację, która napawa przerażeniem nawet postronnych obserwatorów.

paedagogus ('nauczyciel') – przedstawiony jest w utworze *Bacchides* jako zupełnie bezsilny i pozbawiony wpływu nudny moralizator. Jest to raczej figura komiczna.

sycophanta ('donosiciel') – został wprowadzony przez Plauta jako trzeci czarny charakter. Występuje tylko w komedii *Pseudolus* i już samo imię, *Simia* – Małpa, sugeruje, że to wstrętna figura.

Postaci przedstawione jako typy zawodowe noszą imiona mówiące, które nie tylko informują o cechach charakteru, ale często stają się także dodatkowym źródłem komizmu. Natomiast typy rodzinne są wolno urodzonymi obywatelami greckiej *polis*, mają więc zazwyczaj imiona pełne, często wręcz autentyczne. Samo imię zatem, w zależności od tego, czy jest mówiące, czy nie, dostarcza informacji na temat statusu społecznego postaci. Podstawową jednak funkcją antroponimu mówiącego jest charakterystyka postaci i wywołanie komizmu. Niewolnicy często są obdarzeni imionami nawiązującymi do żartów na temat bicia i tortur, np. *Cordalus* (postać z komedii *Persa*) pochodzi od greckiego słowa *kordýle* – 'guz', a *Thranio* (z komedii *Mostellaria*) od *thranéuomai* – 'być rozciąganym na ławie garbarskiej'. Imiona heter, obok rzeczywistych, takich jak *Bacchis* czy *Thais*, stanowią często rodzaj pseudonimów zawodowych, np. *Stephanium* – Wianuszek (z komedii *Stichus*) czy *Philocomasium* – Lubiąca uczty (*Miles gloriosus*). Szeroką gamę zabawnych imion prezentują także pasożyci (np. Artotrogus – Ten, który gryzie chleb, z komedii *Miles gloriosus*), a przede wszystkim żołnierze (*Pyrgopolynices* – Burzący wiele wież, z tejże komedii). Imiona te są często wykorzystywane nie tylko do określenia postaci, ale także do zabawy w kalambury i do wspaniałej gry słów.

Wiadomo, że Plautyńskie *nomen omen* (imię-znak) rzymscy widzowie doskonale rozumieli i bez trudu odczytywali ukryte (często pod greckimi wyrazami) znaczenie, które dodatkowo – oprócz funkcji komicznej – charakteryzowało postać. Aby te same zadania mogły być spełnione i w przekładzie, wszystkie imiona mówiące zostały zastąpione polskimi odpowiednikami, tym bardziej że tekst komedii pełen jest kalamburów wykorzystujących te właśnie antroponimy. Nie można zatem przetłumaczyć wspaniałej niekiedy gry słów, jeśli pozostawi się imiona w oryginale.

Język i metrum komedii Plauta

Podstawową cechą języka Plauta jest wysoki stopień kolokwializacji. Sporo w nim codziennie używanych zwrotów grzecznościowych typu: *salve* („witaj!"), *quid agis* („co porabiasz?"), *quid fit* („co słychać?"), *vale* („żegnaj!"), czy też pełnych ekspresji wykrzykników, wyrażających śmiech (*hahae*), niesmak (*vae*), zdziwienie (*ehem*), smutek (*heu*), zakłopotanie (*uah*) bądź radość (*euge*). Nie brak także tak charakterystycznych dla języka potocznego zaklęć: *pol, edepol, ecastor, mecastor, hercule, mehercule* („na Polluksa", „na Kastora", „na Herkulesa"), *omnes di te perdant / ament* („niech cię diabli wezmą / daj ci boże").

Cechy języka codziennego widać także w składni, która chętnie posługuje się parataksą, czyli takim bezspójnikowym połączeniem zdań, które nie wprowadza zależności składniowych i semantycznych, np. *spero sperabit fidem* – „dotrzyma słowa, mam nadzieję" (*Epidicus*, w. 124).

Język Plauta nie stroni też od wyzwisk i obelżywych przezwisk. Błędem jest jednak uważanie jego łaciny za wulgarną lub pospolitą, obfituje ona bowiem w synonimy, metafory i komiczne zniekształcenia wykorzystujące homonim, paronomazję i aliterację do osiągnięcia wspaniałych efektów dramatycznych i humorystycznych. W tej materii Plaut był prawdziwym mistrzem. Celował głównie w kalamburach i różnego rodzaju grach słownych, wykorzystując podwójne znaczenie słów, jak np. w scenie (*Amphitruo*, w. 199), gdzie Sozja, opowiadając o bitwie, wyznaje: „Inni dawali głowę, a ja dałem nogę", lub gdy Merkury grozi Sozji, że mu „gębę wypieści", a przerażony niewolnik rozumie to dosłownie i bredzi coś o dziewictwie swojej facjaty (w. 348). Często Plaut bawi się podobieństwem brzmienia, jak w owej scenie (*Miles gloriosus*, w. 1424–1425), kiedy tytułowy bohater, słysząc pytanie: „Ktoś zemstą jeszcze pała?", ze strachem dziwi się: „Pała?! Jeszcze pała?! A przecież już niejedna grzbiet wygarbowała".

Cechą charakterystyczną języka Plauta były także zabawne neologizmy, które powstawały z połączenia różnych wyrazów, np. *falsiiurium dare* – 'przysiełgać', czyli łgać pod przysięgą (*Miles gloriosus*, w. 192).

Komediopisarz był niezrównanym mistrzem dowcipu.

Rozpatrując komedie Plauta w aspekcie wykonawczym, należy wyróżnić w nich **partie mówione** – wypowiadane w sposób zbliżony do codziennej mowy (*diverbia*), **partie recytowane** – z akompaniamentem aulosu (*cantica* – w tekście przekładu nieoznaczane) i **partie śpiewane** (*mutatis modis cantica* – w tekście przekładu oznaczane jako *Canticum*; por. także s. 22). Miało to oczywiście swoje konsekwencje metryczne. Plaut stosował systemy metryczne dużo bardziej swobodnie i dowolnie niż późniejsi poeci, zwłaszcza z epoki klasycznej. I tak w partiach mówionych używał wyłącznie senaru jambicznego; przy czym na podkreślenie zasługuje fakt, że komediopisarz szczególnie dbał tu, by akcent metryczny zgadzał się z wyrazowym, dlatego *diverbium* sprawia silne wrażenie prozy. Partie recytowane zwykle układane były w septenarach lub oktonarach jambicznych bądź trocheicznych, natomiast tzw. partie liryczne, czyli śpiewane, które stanowiły domenę Plauta, charakteryzowały się wielką różnorodnością metryczną.

Inscenizacja komedii Plauta

W czasach, kiedy Plaut tworzył komedie, Rzym nie posiadał stałego teatru. Przedstawienia odbywały się na prowizorycznej scenie, stawianej z drewna specjalnie dla produkcji teatralnej i natychmiast po jej zakończeniu rozbieranej. Dzięki informacjom zawartym w tekście bez trudu jednak można odtworzyć układ sceny.

Akcja komedii toczyła się przed domami, na ulicy (jak to u południowców), publiczność oglądała więc frontowe wejście do dwóch lub trzech domów. Główny trakt, na którym rozgrywała się sztuka, prowadził do portu – w lewo od strony widza i na forum – w prawą stronę. Oprócz tych kulis postaci opuszczały scenę, wchodząc do któregoś z domów.

Aktorów występujących w komediach Plauta musiało być kilku (od pięciu do siedmiu), jeśli założymy, że każdy z nich grał przynajmniej dwie role i miał wystarczająco dużo czasu, by zmienić kostium. Sztukę, jak przystało na palliatę, wystawiano w szatach greckich. Istniał pewien kod kolorów i kostiumów, który pozwalał publiczności natychmiast rozpoznać, kim jest osoba pojawiająca się na scenie. Tak więc niewolnicy zwykli nosić krótkie, szare tuniki i rude peruki, starcy występowali w czcigodnej bieli, pokrywającej także ich czupryny, a młodzieńcy, których rozpoznawano po czarnych włosach (południowcy!), ubierali się w tęczowe kolory. Kobiety nie były identyfikowane poprzez kolor fryzur, lecz tylko przez barwę szat. Hetery występowały zazwyczaj w ubiorach szafranowych, starożytni uważali bowiem tę barwę za najbardziej elegancką i twarzową, zwłaszcza dla brunetek. Matrony zaś nosiły na scenie długie tuniki w spokojnych kolorach: bladoniebieskie lub jabłkowe. Pasożyta charakteryzował duży brzuch, kucharza – odpowiednie „kuchenne" rekwizyty, obcokrajowca – strój podróżny. Żołnierz z kolei, oprócz zbroi, nosił zwykle suty purpurowy płaszcz.

Przedstawieniom towarzyszyła muzyka wykonywana na aulosach – instrumentach dętych drewnianych, które dziś można porównać do oboju. Niestety, nie wiemy, jak brzmiały towarzyszące słowom melodie, nie dysponujemy bowiem żadnym zapisem.

Ponieważ w prowizorycznym teatrze, w którym wystawiał Plaut, nie było kurtyny, koniec sztuki zapowiadała z reguły przymówka o oklaski. Czasem komediopisarz posuwał się nawet do niewinnego przekupstwa – jego bohaterowie obiecywali widzom zaproszenie na ucztę, którą przygotowywano na scenie, jeżeli sztuka będzie gorąco oklaskiwana.

Od tłumaczki

Plaut, ten niezrównany mistrz konceptów (rozumianych zarówno jako pomysły, jak i dowcipy) tak żywo obecny w twórczości całej nowożytnej komedii europejskiej, prawie nie istnieje na scenie. Niekiedy studenckie teatry wystawiają komedie po łacinie lub w przekładzie i wówczas publiczność dziwi się gustom starożytnych, którzy uważali komediopisarza za szermierza słowa, a jego komedie za arcyzabawne. Błędem jednak byłoby sądzić, że Plaut się zestarzał lub że tak diametralnie zmienił się literacki smak odbiorców: Przyczyna „teatralnej śmierci" autora leży w języku – i to zarówno w języku oryginału, jak i przekładu.

Łacina Plauta jest trudna w odbiorze dla współczesnego widza, wychowanego na klasycznych tekstach Cycerona czy Owidiusza, nie tylko dlatego, że jest kolokwialna, ale także dlatego, że jest archaiczna. Ponadto liczne elizje, skrócenia jambiczne i synidzeze (jeśli komedia wystawiana jest z zachowaniem zasad metrycznych), a także tempo, w jakim toczą się dialogi, sypią żarty i kalambury, sprawiają, że widz może jedynie pobieżnie śledzić rozgrywającą się na jego oczach fabułę, nie zdoła jednak rozsmakować się w Plautyńskim humorze i finezji języka.

Mogłoby się zatem wydawać, iż tłumaczenie przybliży widzowi komedie Plauta i pozwoli im wrócić na scenę. W latach trzydziestych Gustaw Przychocki opracował przekład wszystkich sztuk Plauta, ale nie wiadomo, czy pośpiech tłumacza, czy też założenie, że przeznaczone są wyłącznie do lektury, stały się przyczyną błędów godzących w ich sceniczność. Inne, wcześniejsze przekłady pojedynczych komedii Plauta dokonane przez Jana Stefana Wolframa, Antoniego Kanteckiego, Zygmunta Węclewskiego i Ignacego Kraszewskiego są również uznawane za niesceniczne. Żadne z tłumaczeń nie spełnia bowiem podstawowego wymogu, by tekst był bez trudu rozumiany w trakcie wygłaszania ze sceny. Translatorzy niestety często tłumaczyli dowcipy dosłownie albo opuszczali je, wyjaśniając w przypisie, że żart jest oparty na grze słów i absolutnie nie można go oddać w języku polskim. Dodatkowym mankamentem tych przekładów, uniemożliwiającym wystawienie komedii na scenie, jest język, który zestarzał się tak bardzo, że nie tylko jest niezrozumiały dla współczesnego widza, ale nawet wywołuje niekiedy niezamierzone efekty komiczne. Nic bowiem nie starzeje się tak szybko, jak język komedii.[9] Czas zatem na nowy, współczesny przekład, który spełniałby zarówno wymogi sceny, jak i oczekiwania Czytelnika. Zadanie to jest tym trudniejsze, że trzeba podjąć kilka trudnych, a ważkich decyzji, dotyczących archaizacji, wersyfikacji i ogólnie pojętego problemu wierności oryginałowi.

Każdy tłumacz literatury antycznej zmuszony jest dokonać wyboru stylu przekładu, trudno bowiem zaakceptować fakt, że bohaterowie antycznych dramatów posługują się współczesną polszczyzną. Jednym z najczęstszych sposobów na uzyskanie wrażenia dawności tekstu jest użycie archaicznych słów. Ta z pozoru niezawodna metoda ma jednak zasadniczą wadę – może sprawić, że tekst nie będzie zrozumiały (pamiętajmy o widzu, który ma tylko oko i ucho, a nie ma słownika). Można jeszcze atmosferę dawnej epoki oddać nie przez sztuczną archaizację, ale za pomocą środków poetyckich, jak to zrobił Jan Parandowski w *Odysei*. Trudność w tłumaczeniu sztuk Plauta polega jednak przede wszystkim na tym, że są pisane potoczną, kolokwialną łaciną i nie ma w nich miejsca ani na patetyczność, ani na poetyczność, które nieodłącznie towarzyszą „nadawaniu patyny". Dlatego zrezygnowano z celowych zabiegów „postarzania" tekstu, aby nie ryzykować wzniesienia się ponad styl niski, tak charakterystyczny dla Plauta, jednocześnie jednak wystrzegając się zbytniego uwspółcześniania i modernizowania.

O wiele trudniejszą decyzją jest wybór systemu wersyfikacyjnego. Od kilkunastu lat zachęca się tłumaczy poezji antycznej do przekładów izometrycznych, naśladujących wiernie rytmy oryginału, jeśli oczywiście jest to możliwe. Nie rodzi to większych problemów w sytuacji, gdy w języku polskim funkcjonuje odpowiednik, jak w przypadku strofki saficznej. Nie można jednak naśladować jambicznego senaru i septenaru, jakim posługuje się Plaut, zachowanie bowiem rytmu oryginału wymagałoby użycia akcentu oksytonicznego (tj. na ostatniej zgłosce), i to w ponad 1000 wersów. Takie obce polskiej wersyfikacji rozwiązanie brzmi sztucznie, zwłaszcza gdy ma się wrażenie, że cały proces translatorski

---

[9] E. Skwara: *Plaut w polskich przekładach*, „Eos" LXXXIV (1996), s. 335–345.

jest podporządkowany szukaniu wyrazów jednosylabowych. Anegdotyczny stał się już przypadek pewnego tłumacza, który ilekroć potrzebował wyrazu jednosylabowego, wstawiał słówko „wżdy".

Należy ponadto podkreślić, że rytm wspaniale brzmi w eposie lub liryce, lecz zupełnie nie będzie go słychać w komedii, gdzie antylaba (podział wersu między kilka osób na scenie) zakłóca melodię; chyba że oprócz rytmu wprowadzi się także rym, który będzie wyznaczał koniec wersu. Wprawdzie rym nie występuje w tekście oryginału, ale rezygnacja z niego nie była świadomym wyborem Plauta – Grecy i Rzymianie po prostu nie znali pojęcia rymu, zadowalając się w zupełności melodią rytmu. Trzeba jednak podkreślić, że poezja polska do połowy XX w. jest poezją sylabiczną lub sylabotoniczną i dopiero druga połowa poprzedniego stulecia rozpowszechnia wynalazek białego wiersza. Zatem z punktu widzenia języka i literatury polskiej zastosowanie w przekładzie wiersza bez rymu jest uwspółcześnieniem, a posłużenie się rymem nada tłumaczeniu nieco patyny, tak pożądanej – jak już wspomnieliśmy – w przekładach z języków antycznych.[10]

Przyglądając się wszystkim argumentom za i przeciw rymowi, należy odnotować, że: 1) rym jest niewątpliwie obcy poezji antyku, choć od wieków usankcjonowany w polskich przekładach z tej literatury; 2) rym jest niemodny, nieco staroświecki, ale to on właśnie nadaje tekstowi wrażenie dawności; 3) rym wymaga pewnych ustępstw, ale też wzmacnia siłę dowcipu, jeśli umieści się żart w klauzuli wersu dopełniającego rym.

Pamiętając również, że tradycja komedii polskiej (Franciszek Zabłocki, Aleksander Fredro) jest silnie związana z rymem, zdecydowano się na zastosowanie tradycyjnych, Fredrowskich wierszy: trzynastozgłoskowca, jedenastozgłoskowca i ośmiozgłoskowca; wszystkie z rymem żeńskim w klauzuli, a dwa pierwsze metra ze średniówką żeńską po siódmej i piątej sylabie. Wymienione miary zostały użyte dla oddania najpopularniejszych Plautyńskich metrów: septenaru trocheicznego, senaru jambicznego i oktonaru jambicznego. W partiach lirycznych natomiast, śpiewanych (*mutatis modis cantica*), które zostały oznaczone w tekście sztuki jako *Canticum*, starano się naśladować różnorodność metryczną oryginału.

---

[10] E. Skwara: *Aby język giętki powiedział wszystko, co pomyślała głowa autora*, „Meander" LIII (1998), 1, s. 25–35.

Doświadczenie uczy, że dobry przekład to nie tylko wierność w stosunku do tekstu, ale także oddanie atmosfery tłumaczonego dzieła. Przekład komedii jest przede wszystkim przekładem dowcipu na dowcip. Stawia to tłumacza w sytuacji, kiedy musi wybierać, czy pozostać wiernym literze czy duchowi (czytaj: dowcipowi!) oryginału. Szczególnie drastycznie doświadcza się tego właśnie przy pracy nad Plautem, u którego żarty i dowcipy oparte są na grze słów. Ponieważ w języku polskim istnieje już jeden przekład absolutnie filologiczny (Przychockiego), postanowiono tym razem przyznać prymat dowcipowi; z myślą o bardziej wnikliwym czytelniku odnotowano w przypisach wszystkie odstępstwa od litery pierwowzoru.

Przy tłumaczeniu tekstu dramatycznego rodzi się pytanie o jego kształt sceniczny. W przypadku dramatu antycznego zdają się dominować dwa kierunki: pierwszy to antykwaryczna rekonstrukcja premiery z zachowaniem całego bagażu starożytnych realiów; drugi jest poszukiwaniem nowych środków wyrazu (światło, muzyka, ruch sceniczny) w celu wywołania u współczesnego widza tych samych odczuć i wrażeń, jakich doznawali starożytni. Należy pamiętać, że dramaty antyczne pozbawione były didaskaliów, a sporo informacji, które dziś przekazywane są w teatrze za pomocą obrazu czy dźwięku, stanowiło integralną część kwestii wypowiadanej ze sceny. Widz antyczny (z przyczyn zewnętrznych) miał niemałe trudności ze skupieniem uwagi, dlatego piszący dla sceny podawali informacje w sposób zwielokrotniony (poprzez obraz, dźwięk i słowo); tylko wtedy mogli mieć gwarancję, że dotrze do odbiorcy. Wziąwszy pod uwagę powyższe realia, liczne wzmianki o charakterze scenicznym wypełniające tekst oryginału przesunięto w przekładzie do didaskaliów (np. apostrofy, uwagi o prawej, lewej stronie sceny itp.). Tak oto tłumaczenie zyskało didaskalia, których sztuki antyczne nigdy nie posiadały. Podkreślmy jednak, że nie zrezygnowano z informacji stanowiących o specyfice oryginału. Taką wartość mają np. liczne uwagi o skrzypieniu drzwi, które zawsze poprzedzają pojawienie się nowej postaci na scenie.

Jeszcze innym, kolejnym problemem, z jakim boryka się tłumacz, jest sprawa rozrastania się przekładu ponad ramy oryginału, łacina bowiem jest znacznie bardziej zwięzła niż język polski. Dlatego, dążąc do jak największej oszczędności słowa, pominięto w przekładzie wszystko, co budziło uzasadnione podejrzenia, że jest jedynie „watą" metryczną. Mimo to przekład liczy więcej wersów niż oryginał. Trzeba jednak pamiętać, że gdy oktonarowi jambicznemu odpowiada ośmiozgłoskowiec, to każdy wers oryginału został oddany przez dwa wersy przekładu.

Aby ułatwić czytelnikowi odszukanie miejsca w tekście łacińskim, wprowadzono numerację odnotowującą nie tylko wers przekładu (lewa strona), ale także każdy piąty wers oryginału (prawa strona), któremu odpowiada przekład. Czytelnika być może zdziwi, że pomiędzy np. numerem 305 a 310 znajduje się nie pięć, ale siedem lub nawet dziesięć wersów. Istotą komedii Plauta jest dowcip, gra słów, humor... To, by przekład bawił (tak jak oryginał), stanowiło cel nadrzędny, niekiedy więc, aby rzecz była zabawna i lepiej brzmiała po polsku, zmieniano kolejność wyrazów w obrębie jednej wypowiedzi, tłumacząc nie wers po wersie, lecz kwestię po kwestii. Posłużmy się przykładem z *Amfitriona*:

wersy orginału	oryginał	wersy w przekładzie	przekład dosłowny	wersy kolejne
463	Bene prospere hoc hodie operis processit mihi.	463	Dobrze, pomyślnie udała mi się ta praca.	1
464	Amovi a foribus maximam molestiam,	464	Usunąłem od drzwi łotra [*maximam molestiam*],	2
465	patri ut liceret tuto illam amplexiarer.	465	aby ojciec mógł w spokoju tamtą obejmować.	3
466	Iam ille illuc ad erum cum Amphitrionem advenerit,	466	Kiedy tamten do pana, Amfitriona, przyjdzie,	4
467	narrabit servum hinc sese a foribus Sosiam	467	opowie, że tu niewolnik Sozja jego od drzwi	5
468	amovisse, ille adeo illum mentiri sibi	468	odepchnął, ów, że ten go oszukuje,	6
469	credet, neque credet huc profectum, ut iusserat.	469	uwierzy i nie uwierzy, że ten poszedł, jak mu rozkazał.	7

wersy oryginału	oryginał	wersy w przekładzie	przekład literacki (w. 701–708)	wersy kolejne
463	Bene prospere hoc hodie operis processit mihi.	463	Szybko i sprawnie poszła mi dziś praca.	1
464	Amovi a foribus maximam molestiam,	465	Aby mój ojciec miał w miłości ciszę,	2
465	patri ut liceret tuto illam amplexiarer.	464/466	przegnałem łotra, który teraz wraca [*advenerit*],	3
466	Iam ille illuc ad erum cum Amphitrionem advenerit,	466/467	do Amfitriona. A gdy mu opisze [*narrabit*],	4
467	narrabit servum hinc sese a foribus Sosiam	467	że jakiś Sozja obił go przy bramie,	5
468	amovisse, ille adeo illum mentiri sibi	469	Amfitrion pojmie [*credet*] to prawie od razu,	6
469	credet, neque credet huc profectum, ut iusserat.	468	że jego sługa najbezczelniej kłamie,	7
		469	bo nie wypełnił pańskiego rozkazu.	8

Jak widać na przykładzie, 464 wers oryginału, który u Plauta jest zdaniem głównym, w przekładzie literackim jest trzeci, bowiem wers drugi wypełnia zdanie celowe, które w oryginale pojawia się pod numerem 465. Wersy trzeci i czwarty przekładu obejmują także wyrazy odpowiadające dwóm wersom oryginału – 464/466 i 466/467, a wers szósty jest odpowiednikiem jednego, powtórzonego wyrazu *credet* z wersu oryginalnego 469. W tej sytuacji – jak już mówiliśmy – zdecydowano się opatrzyć numerem każdy piąty wers oryginału (w naszej tabelce numer pogrubiony), co pozwoli bez trudu odszukać miejsce w tekście łacińskim.

Przekłady *Żołnierza samochwała* i *Amfitriona*, oddawane dziś do rąk Czytelnika, są pierwszymi komediami, które rozpoczynają długi cykl tłumaczeń utworów Plauta. Przekłady powstają stopniowo, rocznie około dwóch komedii, całość będzie więc gotowa mniej więcej za 10 lat. Każda komedia przed publikacją była wystawiana na deskach sceny studenckiej „Maski" w Poznaniu, co pozwoliło sprawdzić w praktyce sceniczność przekładu i wyeliminować błędy w tę sceniczność godzące. W tym miejscu pragnę serdecznie podziękować studentom Instytutu Filologii Klasycznej Uniwersytetu im. Adama Mickiewicza w Poznaniu za to, że poświęcili wiele czasu i pracy na przygotowanie tych przedstawień. Mam również nadzieję, że następne przekłady komedii Plauta także będą cieszyły się zainteresowaniem wśród studentów, którzy z równym talentem i pasją zechcą je wystawić.

Na koniec chciałabym złożyć gorące podziękowania Pani Profesor Janinie Ławińskiej-Tyszkowskiej za bardzo wnikliwą lekturę przekładów i niezwykle cenne uwagi dotyczące nieścisłości i błędów. Szczególne zaś wyrazy wdzięczności składam za kilka wspaniałych pomysłów translatorskich, które dzięki życzliwości Pani Profesor znalazły się w niniejszym przekładzie.

Słowa podziękowania należą się także Pani Profesor Elżbiecie Wesołowskiej, która nie tylko z wielką cierpliwością czytała przekłady, ale znając z autopsji problemy tłumacza dramatu, udzielała cennych rad.

W pracy nad przekładami niezwykłą wręcz pomoc okazała Pani Profesor Krystyna Bartol, która zapoznawała się z kolejnymi aktami sztuki jeszcze *in statu nascendi*, opatrywała je wnikliwymi uwagami, a przede wszystkim gorąco zachęcała tłumaczkę do dalszej pracy.

Z bibliografii

Bibliografia Plautyńska dostępna w języku polskim jest bardziej niż skromna. Czytelnik, poza podręcznikami literatury rzymskiej, ma do dyspozycji jedynie poświęconą Plautowi monografię, wstęp do wydania trzech komedii oraz wprowadzenie do przekładu *Żołnierza samochwała* z 1998 r.:

K. Morawski: *Historia literatury rzymskiej za rzeczypospolitej*. Nakładem Akademii Umiejętności, Kraków 1909, s. 44–68.

G. Przychocki: *Plautus*. Krakowska Spółka Wydawnicza, Kraków 1925.

W. Strzelecki: *Wstęp*. [W:] T. Maccius Plautus: *Żołnierz samochwał. Bracia. Kupiec*. Przełożył G. Przychocki. Zakład Narodowy im. Ossolińskich, Wrocław 1951 (BN II 53), s. I–LVIII.

M. Brożek: *Historia literatury łacińskiej w starożytności. Zarys*. Zakład Narodowy im. Ossolińskich. Wydawnictwo, Wrocław 1976 (wyd. 2 poprawione), s. 40–49.

E. Skwara: *Wprowadzenie*. [W:] Plaut: *Żołnierz samochwał*. Przekład E. Skwara. Wydawnictwo Sorus, Poznań 1998, s. VII–XVI.

E. Skwara: *Historia komedii rzymskiej*. Prószyński i S-ka, Warszawa 2001, s. 60–97.

KOMEDIE

ŻOŁNIERZ SAMOCHWAŁ

Wstęp

Żołnierz samochwał (*Miles gloriosus*) jest jedną z najwcześniejszych sztuk Plauta. Wskazuje na to zarówno aluzja do uwięzienia poety Newiusza, które z rozkazu rodu Metellów nastąpiło około 206 r. p.n.e., jak i brak w tekście tak charakterystycznych dla Plauta kantyk (*cantica*; por. „Mistrz konceptu", s. 12). Ponieważ w roku 205 p.n.e. podczas święta *ludi Romani* zorganizowano, nie jak dotychczas – jedno, ale aż osiem przedstawień teatralnych, przypuszcza się, że właśnie wtedy został wystawiony *Żołnierz samochwał*. Na marginesie trzeba jednak dodać, że mistrzostwo, z jakim Plaut poprowadził intrygę, wykreował bohaterów i szermował dowcipem, podaje nieco w wątpliwość tezę o tak wczesnym powstaniu tej komedii.

Plaut informuje w prologu, że oparł swą komedię na niezachowanej sztuce *Alazón* (*Samochwał*), której autor, niestety, nie jest nam znany. Na podstawie znajdujących się w tekście aluzji do odbytej kampanii w Indiach (w. 25) oraz do Seleukosa (w. 75, 948–951) można przypuszczać, że grecki pierwowzór *Żołnierza* powstał w czasach świetności komedii nowej, między rokiem 336 a 250 p.n.e. To jednak tylko hipoteza, nie ma bowiem pewności, że uwagi o czynach dokonanych w Indiach nie są jeszcze jedną przechwałką żołnierza, tak jak jego opowieści o pokonaniu wnuka Neptuna (w. 13–15) albo o wyprawie do Egiptu, do Grecji, Zbójotatarii i Azji, gdzie jednego dnia zabił siedem tysięcy ludzi (w. 42–46). Ponadto brak dowodu, że wspominany w komedii Seleukos jest bez wątpienia Seleukosem I, a nie którymś kolejnym władcą z rodu Seleukidów, np. Seleukosem IV, który żył za czasów Plauta. Ponieważ nie wiadomo, jak wyglądał grecki oryginał, nie mamy pewności, czy motyw tajemnego przejścia, które pozwala kochankom na spotkania, występował tam równocześnie z motywem podstawienia nowej kochanki, czy też któryś z tych pomysłów pochodził z innej komedii lub jest inwencją samego Plauta.

Sztuka składa się z pięciu aktów, a choć podział ten jest późniejszy, doskonale oddaje etapy rozwoju intrygi.

AKT I to wspaniała ekspozycja głównego, tytułowego bohatera, który przedstawia się w całej okazałości i prezentuje pełną gamę swych wad i przywar. Akt ten, zresztą bardzo krótki (78 wersów), nie zawiera żadnych informacji o późniejszej intrydze.

AKT II wprowadza w fabułę sztuki i w fortele, jakie obmyśla niewolnik Wygibas, *spiritus movens* całej komedii. Mimo że prawnie należy on do żołnierza, to jednak całym sercem służy swemu poprzedniemu panu – młodzieńcowi z Aten. Właśnie ściągnął go do Efezu, umieścił w sąsiednim domu i ułatwia mu schadzki z jego dziewczyną, którą żołnierz porwał z Aten i uczynił swoją kochanką. W chwili, gdy zaczyna się sztuka, Wygibas musi zażegnać niebezpieczeństwo, bowiem jeden ze sług żołnierza, Cienias, przypadkiem zobaczył w sąsiednim domu kochankę swego pana w czułych objęciach innego mężczyzny. Wygibas postanawia więc wmówić Cieniasowi, że u sąsiada zatrzymała się wraz ze swym kochankiem bliźniacza siostra jego pani. Cały ten akt jest wypełniony gorliwym udowadnianiem niemądremu słudze, że nie widział tego, co zobaczył.

AKT III jest najmniej zwarty i budzi największe podejrzenia o kontaminację. W scenie 1 Wygibas zastanawia się nad sposobem wydostania dziewczyny z rąk żołnierza i połączenia jej ponownie z ukochanym, ma bowiem świadomość, że gra, którą cały czas prowadzi, jest niebezpieczna i nie można jej ciągnąć w nieskończoność. Wraz z ukochanym dziewczyny i sąsiadem, który im pomaga, knuje intrygę. Ich rozmowa skrzy się humorem, pełno w niej satyrycznych uwag na temat grzeczności, zachowania się podczas uczty, a także korzyści i uciążliwości stanu małżeńskiego. Scena 2 z całą pewnością została zaadaptowana z innej sztuki niż grecki oryginał *Żołnierza*. Jest to zabawne intermezzo, niemające prawie nic wspólnego z rozwijającą się intrygą, a wstawione dla wywołania silnych efektów komicznych. Na marginesie dodajmy, że pojawiają się tam pewne nieścisłości i niekonsekwencje w prowadzeniu fabuły, które stanowią dowód kontaminacji.

AKT IV jest poświęcony wyłącznie realizacji sprytnie pomyślanej intrygi, która ma prowadzić do odebrania żołnierzowi dziewczyny. Wmówiono mu bowiem, że eks-żona sąsiada usycha z miłości do niego i wyznacza mu schadzkę u siebie w domu. Żołnierz, spragniony nowego uczucia, musi odprawić dawną kochankę, aby móc spokojnie rozkoszować się swym szczęściem.

AKT V to brawurowy finał, podczas którego żołnierz zostaje ukarany za próbę uwiedzenia cudzej żony. Przy okazji dowiaduje się też, jak sprytnie został wykorzystany przez Wygibasa.

Żołnierz samochwał jest jedną z najlepszych komedii Plauta. O jej wyjątkowej wręcz sile komicznej decyduje w równej mierze błyskotliwa i z niezwykłą szybkością prowadzona intryga (starożytni zaliczali tę sztukę do typu *motoriae*, zob. „Mistrz konceptu", s. 12–13), co doskonała kreacja postaci.

Tytułowy bohater, żołnierz, jest postacią bardzo charakterystyczną i odznacza się cechami tylko jemu przynależnymi. Nosi przydomek *gloriosus*, który określa go nie tylko jako osobę przechwalającą się własnymi czynami, ale także jako męża zachwyconego – niby kobieta – własną urodą, wywodzącego swe pochodzenie od Marsa i Wenus, posiadającego ponoć niezmierne bogactwa. Żołnierz zawsze wyróżnia się strojem, podkreślającym jego odwagę, sławę i powodzenie u kobiet, zawsze też zachowuje się głośno, gwałtownie i grubiańsko. A co najważniejsze – nigdy nie pomija okazji, by pochwalić się boską genealogią, olbrzymim majątkiem lub ogromną sławą. Przy tym wszystkim samochwał prezentuje najbardziej chyba zabawny rys: narcyzm, uwielbienie dla własnego piękna, z czym wiąże się jego rzekome niesłychane powodzenie u kobiet.

Ale to nie jedyna zabawna postać tej komedii. Pojawia się też wiecznie głodny pasożyt, który, by zyskać miejsce przy stole żołnierza, opowiada niestworzone historie o jego odwadze i powodzeniu. Na scenie oglądamy całą galerię niewolników, poczynając od głupiego, nierozgarniętego sługi, poprzez nieźle podpitego chłopca do posług, aż po sprytnego i bezczelnego Wygibasa. Postaci kobiece także dają prawdziwy popis damskiej przewrotności.

Nie bez znaczenia jest sam język Plauta, skrzący się dowcipem, obfitujący w kalambury i zabawną, balansującą na granicy przyzwoitości, grę słów. Pełno tu humorystycznych porównań, śmiesznych przezwisk i żartów wynikających z przekręcania słów lub z ich wieloznaczności.

Warto zwrócić także uwagę na imiona mówiące (por. także „Mistrz konceptu", s. 16–17).

Żołnierz, zwany w oryginale *Pyrgopolynices*, w przekładzie nosi imię Basztoburz, które zachowuje sens pierwowzoru, a być może głoski szumiące spotęgują jego grozę.

Pasożyt *Artotrogus*, czyli Ten, który gryzie chleb, ma imię wyraźnie nawiązujące do obżarstwa tej postaci scenicznej, stąd został nazwany Opchajgębą.

Imię niewolnika *Palaestrio* sugeruje, iż jego właściciel ma lub miał coś wspólnego ze szkołą gimnastyki, a komedia dowodzi, że i w przeprowadzeniu intrygi stać go na różne „salta" i „wygibasy", dlatego u nas został Wygibasem.

Sąsiad żołnierza zwie się *Periplectomenus*, czyli Podejmus, bowiem przyjmuje do swego domu Pleuzyklesa, otacza go opieką, a ponadto podejmuje zadanie, jakie w planowanej intrydze powierza mu Wygibas.

Drugi niewolnik, o imieniu *Sceledrus*, które w pierwszej chwili kojarzy się z łacińskim słówkiem *scelus*, zawdzięcza swoje imię greckiemu wyrazowi *skeliphrós*, tj. 'wyschnięty' albo 'cienki'. Należy też zwrócić uwagę, że o Sceledrusie wszystko można powiedzieć, tylko nie to, że jest zbrodniarzem (*scelus*); jest raczej głupim, niezaradnym gapą, a więc „cienki" nie tylko w sensie fizycznym, ale intelektualnym. Stąd zrodził się pomysł, by nazwać go Cieniasem.

Dziewczyna żołnierza, *Philocomasium*, otrzymała od Plauta imię podkreślające jej zamiłowanie do wystawnych uczt (por. gr. *phíle* – 'kochająca', *kómos* – 'zabawa'), czyli innymi słowy jest to Bankietka.

Jej ukochany, *Pleusicles* – Żeglokles, jak samo imię wskazuje (por. gr. *pléo* – 'żeglować', *kléos* – 'sława'), przepływa morze w poszukiwaniu swej dziewczyny, a ponadto przebrany za kapitana statku odgrywa w intrydze ważną rolę.

Hetera *Acroteleutium* – Kulminia nosi bardzo wieloznaczne imię: można je rozumieć jako „zakończenie" (występ hetery wieńczy intrygę) oraz „szczyt" (na którym ona króluje, będąc kurtyzaną i przyjaciółką), można też ze względu na profesję właścicielki dopatrywać się w nim aluzji seksualnych.

Natomiast służąca hetery, *Milphidippa*, nosi imię, którego drugi człon wiąże się z koniem (gr. *híppos* – 'koń'), natomiast początek *milphi*(*di*) daje się skojarzyć jedynie z medycznym terminem oznaczającym utratę rzęs (gr. *milphósis*). Byłby to więc jakiś koń, który utracił rzęsy lub włosy, czyli sierść – innymi słowy wyliniały. Stąd pomysł, by dziewczynę nazwać w przekładzie Szkapinią.

Jeśli chodzi o miary wierszowe oryginału (por. także „Mistrz konceptu", s. 18), Plaut zastosował w *Żołnierzu samochwale* senar jambiczny dla partii mówionych (*diverbia*) oraz septenar jambiczny i trocheiczny dla partii wykonywanych przy akompaniamencie muzycznym (*cantica*). W całej komedii jest tylko jeden fragment liryczny (*mutatis modis canticum*, w. 1011–1093), który w całości został ułożony w anapestycznym tetrametrze katalektycznym; należy jednak podkreślić, że w tej partii metrum nie ulega żadnym zmianom i nie występuje tam tak charakterystyczna dla Plauta i jego kantyk różnorodność, toteż w tłumaczeniu fragment ten nie został wyodrębniony jako *Canticum*.

Żołnierz samochwał zainspirował wielu późniejszych komediopisarzy. Trudno byłoby wymienić wszystkie sztuki, których postaci, motywy lub elementy fabuły wykazują silne podobieństwo do Plautyńskiego wzoru. Lista jest bardzo długa, bowiem spośród dzieł samej tylko literatury polskiej należy wspomnieć serię szesnasto- i siedemnastowiecznych komedii sowizdrzalskich o Albertusie (*Wyprawa Albertusa na wojnę* – 1590 r.; *Albertus z wojny* – 1596; *Albertus rotmistrz* – 1640), sztuki Ignacego Krasickiego (*Łgarz, Statysta, Krosienka*), Franciszka Zabłockiego (*Sarmatyzm, Dzień kłamstwa, Samochwał albo amant wilkołak*), a także komedie Aleksandra Fredry (*Zemsta, Wychowanka*), a nawet powieści Henryka Sienkiewicza (*Trylogia*). Dwie komedie Franciszka Bohomolca: *Chełpliwiec* i *Junak*, można wręcz uważać za polską wersję komedii *Miles gloriosus*.

Spośród twórców literatur obcych utwory będące w całości parafrazą *Żołnierza* napisali: Lodovico Dolce (1508–1568) – *Il Capitano*, Nicholas Udall (1505–1556) – *Ralph Roister Doister* (1553), Antoine de Baif (1532–1589) – *Le Brave*, Andreas Gryphius (1616–1664) – *Horribilicribrifax*, Antoine Mareschal – *Le véritable Capitan Matamore, ou le Fanfaron* (1638), Pierre Corneille (1606–1684) – *L'Illusion comique*, Ludwig Holberg (1684–1754) – *Jacob Tyboe*, Reinhold Lenz (1750–1792) – *Die Entführungen* (*Der grossprahlerische Offizier*), Henri Dargel – *Le Militaire avantageux* (premiera 1907).

Oddawane właśnie do rąk Czytelnika tłumaczenie *Żołnierza samochwała* zostało przygotowane na podstawie wydania: T. Macci Plauti *Miles gloriosus*. Edited with an introduction and notes by M. Hammond, A. M. Mack, W. Moskalew. Harvard University Press, Cambridge, Massachusetts 1963. Edycja ta okazała się również bardzo pomocna w sporządzaniu przypisów. Kilku pomysłów translatorskich dostarczyły także przekłady Gustawa Przychockiego (T. Maccius Plautus: *Żołnierz samochwał. Bracia. Kupiec.* Zakład Narodowy im. Ossolińskich, Wrocław 1951) i Paula Nixona (*Plautus with an English translation*. The Loeb Classical Library, London 1970).

Dostęp do materiałów (w tym także leksykonów i komentarzy) zawdzięczam stypendium fundowanemu przez Fakultät für Linguistik und Literaturwissenschaft, Bielefeld Universität oraz stypendium Fundacji Janineum w Wiedniu.

Młodą dziewczynę żołnierz wywiózł z Aten skrycie.
Inny zaś młodzieniec kochał ją nad życie,
Lecz nie było go w mieście. Wtedy sługa jego
Ekspedycję przedsięwziął, by donieść, co złego
Stało się z ukochaną. Na morzu korsarze

Go schwytali i dali żołnierzowi w darze.
Ledwie znalazł się w domu, ściągnął z Aten pana,
Otwór wybił i zrobił tajne przejście w ścianach,
Randki tym ułatwiając, a stróża przekonał
I wmówił, że ta, którą widział, to nie ona.
Okpił żołnierza, bowiem nakłonił go, żeby
Swą dziewczynę odprawił, bowiem łatwiej wtedy
Uwieść żonę sąsiada. Żołnierz w to uwierzył –
Stary mąż go przyłapał i karę wymierzył.

Pierwsze litery każdego wersu układają się w akrostych, będący łacińskim tytułem komedii. Tego typu utwory, rozpoczynające niemal wszystkie komedie, nie pochodzą od Plauta, lecz są średniowiecznym dodatkiem, rodzajem streszczenia ułatwiającego zapamiętanie tytułu i treści.

Osoby

BASZTOBURZ (*Pyrgopolynices*), żołnierz
OPCHAJGĘBA (*Artotrogus*), pasożyt na usługach żołnierza
WYGIBAS (*Palaestrio*), niewolnik Żegloklesa, a chwilowo żołnierza
PODEJMUS (*Periplectomenus*), obywatel efeski, sąsiad żołnierza
CIENIAS (*Sceledrus*), niewolnik żołnierza
BANKIETKA (*Philocomasium*), ukochana Żegloklesa, obecnie kochanka żołnierza
ŻEGLOKLES (*Pleusicles*), młodzieniec z Aten, ukochany Bankietki
NAPIWEK (*Lurcio / Lucrio*), chłopiec na posyłki w domu żołnierza
KULMINIA (*Acroteleutium*), hetera
SZKAPINIA (*Milphidippa*), służąca hetery

Osoby nieme

CHŁOPIEC
KUCHARZ
NIEWOLNIK
ŻOŁNIERZE
NIEWOLNICY Basztoburza
NIEWOLNICY Podejmusa

Rzecz dzieje się w Efezie

Akt I*

Ulica, w głębi dwa przylegające do siebie domy. Po prawej, od strony widza, mieszka Basztoburz, po lewej – Podejmus. Droga prowadzi w prawo na forum, w lewo – do portu.

Scena 1

Na scenę wchodzi żołnierz Basztoburz, z tarczą i szablą. Ubrany jest w długi, suty płaszcz. Za nim podążają zwerbowani przed chwilą Żołnierze. Basztoburz podaje im swoją tarczę, którą bez zwłoki zaczynają polerować.

BASZTOBURZ

Tarcza ma błyszczeć jaśniej niźli latem słońce!
Bo kiedy jej użyję, wrogów mych tysiące
musi zginąć od blasku, co uderzy w oczy.

Biorąc do ręki szablę

No, niech się moja szabla już o to nie boczy –
nie samą tarczą walczę.

Do szabli

Możesz mieć nadzieję,
że nie będziesz bezczynna i nie zardzewiejesz.
Jakże ona się pali, aby wrogów siekać...

Niepostrzeżenie wchodzi pasożyt Opchajgęba, o nalanej twarzy i wystającym brzuchu.

A gdzie jest Opchajgęba?

OPCHAJGĘBA

stając obok

Tuż obok człowieka
dzielnego... zamożnego... królewskiej postawy...

---

* Z lewej strony umieszczono numerację kolejnych wersów przekładu, z prawej – numer odpowiadający wersowi oryginału.

Przy takim wojowniku Mars się nie odważy
nawet wspomnieć swych czynów – gdzie mu tam do ciebie...

BASZTOBURZ
A ten, co siedział w polu jak ten wołek w chlebie...
i ja go ocaliłem, gdy sam wnuk Neptuna,
ten Mocnides W-Gębides z wojskiem ruszył ku nam?

OPCHAJGĘBA
Pamiętam, o czym mówisz. Wszystko drżało w trwodze –
jego złote legiony stojące na drodze
wnet rozwiałeś dmuchnięciem, jak wiatr suche liście
albo słomę ze strzechy.

BASZTOBURZ
Drobiazg, oczywiście.

OPCHAJGĘBA
To wszystko bagatela i przy reszcie blednie,
o czym wam zaraz powiem.

Na stronie

Ależ to są brednie!
Jeśli ktoś zna większego oszusta i łgarza
od tego samochwała, co kłamstwa powtarza,
to niech mnie sobie weźmie, będę służył wiernie.
Tylko niech dobrze karmi! Nie jadam mizernie!

BASZTOBURZ
Co tam mruczysz pod nosem?

OPCHAJGĘBA
A w Indiach te słonie?
Połamałeś im kości w calutkim ogonie...

BASZTOBURZ
Co ty mówisz: „w ogonie"?

OPCHAJGĘBA
„Na łonie" rzec chciałem...

BASZTOBURZ
Wcale rąk nie trudziłem; ot, czasu nie miałem...

OPCHAJGĘBA
Gdybyś się był przyłożył, wtedy ramię twoje
przeszłoby mu przez trąbę, przecięło na dwoje...

BASZTOBURZ
Ach, nie ma o czym mówić.

OPCHAJGĘBA
                Już nie wspomnę wcale,
ni słowem o twych czynach. Znam je doskonale.

Do siebie, płaczliwie

Biednym jestem pochlebcą, co się rządzi brzuchem.
By się ząb nie zazębił, muszę swoim uchem
usłyszeć wszystkie łgarstwa; potwierdzić, co skłamie.

BASZTOBURZ
Co to chciałem powiedzieć?

OPCHAJGĘBA
                    Wiem, pamiętam, panie,
wszystko wiernie, jak było!

BASZTOBURZ
            Co było?

OPCHAJGĘBA
                  Co każesz!

BASZTOBURZ
Masz zapiski?

OPCHAJGĘBA
Mam wszystko, całkiem jak pisarze.

BASZTOBURZ
z uznaniem

Nim zdążę wypowiedzieć, zgadujesz życzenie.

OPCHAJGĘBA
Dobry sługa wywącha najskrytsze marzenie,
każdą słabostkę pana i wie, czego pragnie.

BASZTOBURZ
Mów, co jeszcze pamiętasz.

OPCHAJGĘBA
Pamiętam dokładnie:

rozstawiając palce i licząc

w Egipcie sześćdziesięciu, w Grecji stu czterdziestu,
setka w Zbójotatarii, w Azji ze trzydziestu...
Tych wszystkich wymienionych powaliłeś mieczem
w przeciągu dnia jednego.

BASZTOBURZ
No cóż, nie zaprzeczę.
To ilu było razem?

OPCHAJGĘBA
Ze siedem tysięcy.

BASZTOBURZ
Zgadza się! Dobrze liczysz... Na pewno nie więcej?

OPCHAJGĘBA
Nie notuję! Pamiętam, ile mi się uda.

BASZTOBURZ
Masz doskonałą pamięć!

OPCHAJGĘBA
Żarcie czyni cuda!

BASZTOBURZ
Jakie będą me czyny, takie twoje jadło!
Lecz już dziś przy mym stole miejsce ci przypadło.

OPCHAJGĘBA
Pamiętasz? W Kappadocji ściąłbyś trzy zastępy,
zabił pięciuset mężów, ale miecz był tępy...

BASZTOBURZ
To były tylko ciury, co mi po ich głowie?...

OPCHAJGĘBA
Wszyscy o tym już wiedzą, lecz raz jeszcze powiem,
że ten sławny Basztoburz przewyższa każdego
sławą, urodą, męstwem. Nie ma tak pięknego,
którego by podobnie kobiety kochały.
Wczoraj nawet dwie takie o ciebie pytały.
Płaszcza się uczepiły.

BASZTOBURZ
A co chciały wiedzieć?

OPCHAJGĘBA
Pytały: „To Achilles?" – chodziło o ciebie.
„To brat jest Achillesa" – obu im tłumaczę.

Naśladując kobiety

„Jaki wytworny, piękny" – jakże by inaczej!
„Spójrz na włosy, co w lokach wiją się spiralnie;
szczęśliwe te, co znają też jego sypialnię".

BASZTOBURZ
Naprawdę tak mówiły?

OPCHAJGĘBA
I błagały obie,
bym cię do nich sprowadził. Chcą się przyjrzeć tobie.

BASZTOBURZ
wzdychając

Co ja mam z tą urodą!

OPCHAJGĘBA
To straszne, masz rację!
Są nachalne, przyłażą, ciągną na libacje.
Chcą cię tylko zobaczyć. Ty życzenia spełniasz,
tracisz czas, a do tego zadań nie wypełniasz...

BASZTOBURZ
Przestań gadać i nie psuj mi dzisiaj humoru!
Mam teraz dużo pracy: muszę iść na forum,

75 wypłacić żołd wojakom, co ich zwerbowałem,
by dla króla Seleuka bili się z zapałem.
Dziś muszę to załatwić – roboty po uszy.

OPCHAJGĘBA

Na co jeszcze czekamy?

BASZTOBURZ
do zwerbowanych Żołnierzy

Mój dwór niechaj ruszy!

Wychodzą na prawo w kierunku forum. Scena pozostaje pusta.

Akt II

Scena 1

Na pustą scenę z domu Basztoburza, z prawej strony, wychodzi Wygibas.

WYGIBAS
do widzów

Grzeczność mi nakazuje, więc opowiem o tym,
co tutaj zobaczycie. Kto z was ma ochotę –
niechaj słucha, kto nie chce – niechaj się wyniesie
i zrobi miejsce temu, komu słuchać chce się.
Nim komedia się zacznie, co was tu ściągnęła,
podam w skrócie największym najpierw tytuł dzieła,
potem, jaki jest wątek i jak się rozwinie.
Sztuka zwie się *Alazon* – takie greckie imię
łacina zastępuje zwykle „samochwałem".
To miasto to jest Efez, a ja się dostałem
na służbę do żołnierza. Znacie tego drania,
co myśli, że tu każda ku niemu się skłania.
A prawdę powiedziawszy, on jest pośmiewiskiem:
śmieje się z niego miasto i dziewczęta wszystkie.
Hetery, co tak chętnie świadczą swe usługi,
znają jego całusy i już po raz drugi
żadna nie zechce chodzić ze skrzywioną miną.
A teraz wam opowiem, co było przyczyną,
jaki przypadek sprawił, że od mego pana
dostałem się w niewolę do tego barana.
Więc słuchajcie uważnie. Rzecz wyjawię zatem.
Moim panem był chłopak, co pochodzi z Aten.
Pokochał tam heterę, ona nie od tego –
odwzajemnia namiętność. Czy jest coś lepszego?
Lecz ojczyzna wybrała chłopca swym legatem
i wysłała w poselstwie. A wtedy do Aten
przybył żołnierz i zaraz wkręcił się do domu
kochanki mego pana, bowiem po kryjomu
zjednał sobie jej matkę obfitością wina,
wystawnymi ucztami – i w tym tkwi przyczyna,
że do serca rajfurki w wielkich łaskach wkroczył.
Lecz przy pierwszej okazji zamydlił jej oczy
i dziewczynę po cichu wprowadził na statek,

którym wbrew swojej woli, wypłynąwszy z Aten,
przybyła do Efezu. Gdy się połapałem,
że dziewczyna zniknęła, zaraz się udałem
w podróż do mego pana, by donieść, co trzeba.
Lecz gdy wsiadłem na okręt, widać z woli nieba –
schwytali nas korsarze. Nim znalazłem pana,
przepadłem, bo niewola była mi pisana.
Pirat dał mnie w prezencie temu żołnierzowi,
ten zaś wziął mnie do siebie. I tutaj losowi
jestem wdzięczny, bo w domu była ta dziewczyna,
kochanka mego pana. Zaraz też oczyma
dała mi znak, bym milczał, a gdy czas pozwolił,
powiedziała mi wszystko o swojej niedoli:
że chciałaby stąd uciec, lecz tu wyjścia nie ma;
że kocha mego pana, tego, co w Atenach;
że nikt nie jest wstrętniejszy od tego żołnierza.
Kiedy więc już poznałem, co zrobić zamierza,
przez znajomego kupca wiadomość przesłałem
do mojego młodzieńca, co Ateny całe
przeszukiwał z rozpaczy. On, nie tracąc chwili,
przybył tutaj. A żeby blisko siebie byli,
zamieszkał u sąsiada,

wskazując dom Podejmusa, po lewej

który z ojcem jego
żył od dawna w przyjaźni. A jeszcze do tego
stary kochankom sprzyja i nas radą wspiera –
dzięki niemu się młodzi spotykają teraz.
Ja też mam w tym swój udział: wzniosłem rusztowanie
z intryg, ażeby młodym ułatwić spotkanie.
W komnacie, którą żołnierz dał swej konkubinie,
do której tylko ona dostęp ma jedynie,
to w tej komnacie właśnie przewierciłem ścianę,
by dziewczyna tam

wskazując dom Podejmusa

mogła chodzić na spotkanie.
A wszystko jest za radą i zgodą starego.
Rzecz ułatwił sam żołnierz, który najgłupszego
spośród swych niewolników wybrał dla dziewczyny,
każąc mu jej pilnować. Łatwo więc sprawimy
przez podstępne potrzaski oraz sztuczki szczwane,
że pilnujące oczy zajdą bielmem same

i choćby coś zobaczył, to widzieć nie będzie.
By was jednak nie zmylić, wyjaśnię w tym względzie,
że ta sama kobieta, ale w dwóch wcieleniach
będzie raz tam,

wskazując dom Podejmusa

raz tutaj,

wskazując dom Basztoburza, po prawej

i będzie się zmieniać.
Grając inną dziewczynę, strażnika zaskoczy,
co pozwoli z łatwością zamydlić mu oczy.

Oglądając się na dom Podejmusa

Drzwi skrzypnęły w sąsiedztwie, u starego w chacie.
Właśnie do nas wychodzi. Zaraz go poznacie.

Cofa się w głąb sceny i staje przy drzwiach Basztoburza.

Scena 2

Wygibas w głębi. Z domu po lewej wychodzi Podejmus, który kieruje ostatnie słowa do niewolników w domu, nie widząc Wygibasa na scenie.

PODEJMUS

do niewolników w głębi domu

Wydaję oświadczenie, że gdy zobaczycie
tutaj kogoś obcego, macie należycie
porachować mu kości. Jeśli nie, to skórę
będę darł z was pasami – taką dam torturę.

Do siebie

No, gdybym teraz musiał jakichś świadków znaleźć,
którzy moje domostwo znają doskonale,
to nie miałbym problemów, bo moi sąsiedzi

wskazując na dom żołnierza

prawie u mnie mieszkają, tak mnie każdy śledzi.

Do niewolników w głębi domu

Wiadomym zatem czynię, że jeśli schwytacie
kogoś z ludzi żołnierza blisko przy mej chacie –

z wyjątkiem Wygibasa – wywlec na ulicę,
choćby mówił, że goni kurę, gołębicę
lub nawet samą małpę. Śmierć z mej ręki czeka
tego, co z życiem puści takiego człowieka.
Gra w kości zakazana, więc połamcie kości,
by złamać tego prawa nie miał możliwości.

WYGIBAS
do siebie

Ktoś od nas coś wywinął i narobił krzyku,
bo stary każe grzmocić naszych niewolników.
Dla mnie zrobił wyjątek, więc podejdę chyba.
Co mnie obchodzą inni.

PODEJMUS
spostrzegając go

Czyż to nie Wygibas?

WYGIBAS
Co się dzieje, staruszku?

PODEJMUS
Gdybym mógł wybierać,
to spośród wszystkich ludzi chciałbym spotkać teraz
właśnie ciebie.

WYGIBAS
Cóż znaczy ta burda niemała?

PODEJMUS
Przepadliśmy!

WYGIBAS
Dlaczego?

PODEJMUS
Bo rzecz się wydała!

WYGIBAS
Ale co się wydało?

PODEJMUS
Zginiemy z kretesem,
bo ktoś widział Bankietkę tutaj

wskazując swój dom, po lewej

z Żegloklesem; 175
całowali się czule.

WYGIBAS
Kto ich widział, powiedz.

PODEJMUS
Ktoś z waszych niewolników.

WYGIBAS
Co to był za człowiek?

PODEJMUS
185 Nie wiem, tak szybko zniknął.

WYGIBAS
To już śmierć mnie czeka.

PODEJMUS
Wołałem: „Co tu robisz?", a on – gdy uciekał –
tylko krzyknął, że małpę tu złapać zamierza.

WYGIBAS
A ja tu zaraz zginę przez głupiego zwierza. 180
Czy Bankietka jest u was?

PODEJMUS
W domu jeszcze była,
190 gdy tutaj wychodziłem.

WYGIBAS
Lepiej by zrobiła,
przechodząc znowu do nas. Wtedy służba cała,
widząc ją w swoim domu, by nie plotkowała.
Chyba że chce nas zgubić i o tym wciąż marzy,
żeby sprawdzić, czy będzie nam z krzyżem do twarzy.

Podejmus
195 Już jej o tym mówiłem; i nie raz, niestety.

Wygibas
Każ jej, by pomnożyła naturę kobiety
pełną sztuczek, forteli.

Podejmus
Ale co to znaczy?

Wygibas
Musi wmówić każdemu, który ją zobaczy,
że wcale jej nie widział. Gdy ktoś powie chytrze,
200 że sto razy ją widział, niech się w oczy wyprze.
Ma na wyposażeniu twarzyczkę, języczek,
zdradę, złość, wściekłość, blagę – więcej już nie zliczę,
więc gdy ktoś ją oskarży, niech mu się zaklina!
Ma pod ręką dość sprytu, by w słowach i czynach
205 kłamać i mu przysięgać; pod ręką fortele,
pod ręką czułe słówka, pod ręką min wiele.
Kobieta, gdy jest sprytna, to nie jest skazana
na pomoc ogrodnika, bowiem ona sama
pod ręką ma warzywnik – do szelmostw przyprawy.

Podejmus
210 Powtórzę, gdy ją spotkam. Lecz jakie to sprawy
rozważasz tak głęboko?

Wygibas
Nie mów nic przez chwilę,
a ja w tym czasie może swój umysł wysilę
i wymyślę, co robić – jak chytrze chytrego,
co widział pocałunki, nakłonić do tego,
215 by uznał, że nie widział tego, co zobaczył.

Podejmus
Ja usunę się na bok.

Do widzów

Niech każdy popatrzy:

wskazując Wygibasa

jak sterczy wyprężony i dotyka czoła!
Patrzcie – w piersi się puka, jakby chciał wywołać
swoje serce na zewnątrz. Odwraca się teraz,
lewa ręka na boku, prawą coś przebiera,
jakby na palcach liczył. Po udzie się klepie,
więc chyba jeszcze nie wie, jak zrobić najlepiej.
Strzelił palcami. Myśli. Znowu głową kręci,
widać – to, co wymyślił, wcale go nie nęci.
Lecz cokolwiek to było, dałbym na to słowo,
podałby przyrządzone, a nie na surowo.
I znowu coś buduje, bo na ręce broda
wsparta jak na kolumnie. Wcale nie podoba
mi się taka budowla – całkiem jak kajdany.
Pewien komediopisarz był tak ukarany
za zbyt złośliwy język.

Wygibas znów zmienił pozycję.

Z jaką gracją wsparty!
Na Herkulesa, całkiem jak niewolnik z farsy.
On nie spocznie, dopóki na pomysł nie wpadnie.
I proszę!

Do Wygibasa

Nie zasypiaj! Tak spać to nieładnie.
Chyba nie chcesz pracować pałką poganiany?!
Mówię do ciebie, słyszysz?

Do widzów

Nie widzę w nim zmiany.

Do Wygibasa

Obudź się, Wygibasie!

Do siebie

Jak przerwać tę ciszę?
Już świta, czas do pracy! Rusz się!

WYGIBAS

Słyszę, słyszę.

PODEJMUS

Wróg na karku, więc trzeba posiłków w tej wojnie.
Musisz działać pośpiesznie, a nie tak spokojnie.
Ponaglij swoje wojska i zajdź wrogom tyły,
by dla nich oblężeniem, dla nas wsparciem były.
Przechwyć wszystkie tabory z żywnością dla wroga
i zadbaj, by bezpieczna znalazła się droga,
którą ci zapas jadła oraz pomoc przyślę.
Ruszże się, bo czas nagli! Zacznij wreszcie myśleć.
Piorunem podaj, proszę, jakiś plan naprędce,
a ja kota ogonem zaraz tak wykręcę,
że to, co tu widziano i co się zdarzyło,
stanie się niewidzianym i jakby nie było.

Do widzów, wskazując Wygibasa

Bierze się za rzecz wielką – mocny mur muruje.

Do Wygibasa

Co powiesz? Mów – dasz radę?

WYGIBAS

                Nie zaprotestuję.
Możemy pobić wroga przy twojej pomocy.
Mówię, że damy radę.

PODEJMUS

                Zrobię, co w mej mocy.

WYGIBAS

Niechże cię Jowisz kocha!

PODEJMUS

                Lecz zdradź odrobinę.

WYGIBAS

Zamilcz, gdy cię wprowadzam w mych intryg krainę.
Forteli mam bez liku.

PODEJMUS

Nie pisnę ni słowa.

Wygibas

Mój pan jest głupi,

poprawiając się

głupszy niż noga stołowa.
A wrażliwość ma słonia.

Podejmus

Sam to też odkryłem.

Wygibas

Teraz plan ci wyjawię, jaki nakreśliłem.
Powiem, że do Bankietki przybyła tu z Aten
jej bliźniacza siostrzyczka wraz ze swoim...

Podejmus

...bratem?

Wygibas

Nie bratem, lecz kochankiem. I z nim zamieszkała
u ciebie, tu, w gościnie.

Podejmus

Intryga wspaniała!

Wygibas

Trzeba dodać, że obie jak dwie krople wody.
I gdy jakiś niewolnik przedstawi dowody,
że widział, jak Bankietka z kimś się całowała,
ja dowiodę, że bzdurą jest historia cała –
że w ramionach kochanka jej siostrę zobaczył,
a żołnierz w to uwierzy.

Podejmus

Cóż to rozum znaczy!
Tak samo powiem, gdyby węszyć coś zaczynał.

Wygibas

Mów, że są identyczne. Trzeba, by dziewczyna
znała nasz plan dokładnie i się nie plątała,
gdy żołnierz zacznie pytać.

PODEJMUS
                Będzie wpadka mała,
gdy zechce widzieć obie. Co wtedy zrobimy?

WYGIBAS
To łatwe – sto powodów zaraz wymyślimy:
„Nie ma jej teraz w domu" lub „Jest na spacerze",
„Jeszcze śpi", „Nieubrana" albo „Kąpiel bierze",
„Teraz jest przy śniadaniu", potem „Nie w tej porze",
„Jest zajęta", „Nie teraz", to znowu „Nie może".
Wymówek, ile pragniesz. Gdy zacznie badanie,
mów, co chcesz, a uwierzy, chociaż mu się skłamie.

PODEJMUS
A to mi się podoba.

WYGIBAS
                Wejdź więc już do środka
i jeśli jeszcze w domu jest Bankietka słodka,
powiedz jej i wytłumacz wszystko w naszym planie
o dwóch bliźniaczych siostrach.

PODEJMUS
                Bądź pewny, dostaniesz
uczenie pouczoną. Idę już do domu.

Wchodzi do domu, po lewej.

WYGIBAS
do siebie

Też idę, by w sekrecie, nie mówiąc nikomu,
pośród służby żołnierza rozpocząć badania,
który to dziś za małpą po ulicy ganiał.
Na pewno wszystkim wokół powiedzieć zamierza,
że widział u sąsiada dziewczynę żołnierza,
jak się z kimś całowała. Ja znam te „przymioty":

naśladując niewolnika

„Nie mogę milczeć, skoro tylko ja wiem o tym".
Gdy odkryję, kto widział, oblężnicze wały
i machiny zbuduję! Nie wyjdzie stąd cały!
A jeśli go nie znajdę, to jak pies po śladach

wywęszy w końcu lisa, tak ja rzecz wybadam.

Słychać skrzypienie drzwi.

Co to? Drzwi nasze skrzypią. Schowam się przy murze.

Spostrzegając Cieniasa

Ten, co wychodzi z domu, jest Bankietki stróżem.

Scena 3

Wygibas schowany przy murze,
Cienias wychodzi z domu żołnierza, po prawej.

CIENIAS

Jeśli mi się nie śniło, że małpę goniłem,
to na pewno widziałem – co nie jest zbyt miłe –
że ta Bankietka guza szuka u sąsiada.

WYGIBAS
do siebie

To on widział kochanków! Słyszałem, co gada.

CIENIAS
rozglądając się

Jest tu kto?

WYGIBAS
wychodząc z ukrycia

Twój kolega. Co robisz, Cieniasie?

CIENIAS

Cieszę się, że cię widzę, o mój Wygibasie.

WYGIBAS

I cóż tam? Co nowego? Chciałbym się dowiedzieć.

CIENIAS

Boję się.

Wygibas
Ale czego?

Cienias
Że będziemy w biedzie.
Wszyscy, jak tu służymy, wpadniemy w kłopoty.

Wygibas
Sam wpadaj i wypadaj, ja nie mam ochoty –
twój wniosek oddalony.

Cienias
Nie wiesz, co się stało!

Wygibas
Co się stało?

Cienias
Och, „hańba" powiedzieć to mało!

Wygibas
Dla siebie to zatrzymaj! Gdy nie chcesz powiedzieć,
to mi nie mów, też nie chcę.

Cienias
Ależ będziesz wiedzieć.
Zajrzałem do sąsiada, goniąc za zwierzakiem.

Wygibas
A niech to, gad się teraz ugania za ssakiem.

Cienias
Niech cię jasny szlag trafi!

Wygibas
Nie, nie, lepiej ciebie...
wysłucham do końca.

Cienias
A więc, musisz wiedzieć,
że Bankietka tu była,

wskazując na dom Podejmusa, po lewej

a jeszcze do tego
320 całowała się czule w ramionach innego.

WYGIBAS
Co słyszę, mój Cieniasie – to cień podejrzenia!

CIENIAS
Widziałem ich!

WYGIBAS
Widziałeś?

CIENIAS
Wątpliwości nie ma,
bo widziałem ich dobrze parą oczu przecież.

WYGIBAS
Ach, przestań, nie widziałeś, tylko bzdury pleciesz.

CIENIAS
325 Myślisz, że jestem ślepy?

WYGIBAS
Zapytaj lekarza.
Lepiej, jeśli nie będziesz tej bajki powtarzać.
Zgubę tylko tym ściągasz na swój grzbiet i głowę.
Gdy będziesz głupio gadał – nieszczęście gotowe
i do tego podwójne.

CIENIAS
Podwójne? Dlaczego?

WYGIBAS
330 Zginiesz – jeśli to potwarz, a jeśli coś złego
uczyniła Bankietka – zginiesz, bowiem tobie
kazano jej pilnować.

CIENIAS
Co ja teraz zrobię,
tego nie wiem, wiem za to, co tutaj widziałem.

WYGIBAS
Biedaczysko.

CIENIAS

Ty myślisz, że ci powiedziałem
jakieś kłamstwo? Lecz ona jest tu, u sąsiada.

WYGIBAS

Więc nie w domu?

CIENIAS

Sam zobacz – taka moja rada,
byś mym słowom nie wierzył i sam się przekonał.

WYGIBAS

Dobrze.

Wchodzi do domu żołnierza, po prawej stronie.

CIENIAS
do siebie

Ja tu zaczekam, bo na pewno ona –
to jagnię, co się pasło gdzieś na cudzej trawie –
znów wróci do zagrody. Sidła tu zastawię.
A to pech, że mnie żołnierz kazał jej pilnować:
gdy fałszywie oskarżę, spadnie moja głowa;
spadnie, gdy będę milczał. A rzecz się niestety
bardzo szybko rozniesie. Od sprytnej kobiety
nie ma już nic gorszego. Ja gonię zwierzaka,
a ona do sąsiada daje mi drapaka,
przebiegając przebiegle. Ratuj, Herkulesie!
Gdy żołnierz to odkryje, cały dom rozniesie.
Mnie da miejsce na krzyżu. Cokolwiek się stanie,
lepiej milczeć, bo jeszcze przez moje gadanie
w kłopoty tylko wpadnę. Mam jej strzec bez broni,
gdy ona siebie samej nikomu nie broni?

Z domu żołnierza wychodzi Wygibas.

WYGIBAS

Oj, Cieniasie, Cieniasie, ja nie znam nikogo,
kto by był tak bezczelny albo podpadł bogom
bardziej, niż ty podpadłeś.

CIENIAS
Ja nic nie pojmuję.

WYGIBAS
Każ więc komuś, niech zaraz oczy ci wykłuje, 315
bo widzisz nimi nawet to, co się nie stało.

CIENIAS
Jak to „co się nie stało"?

WYGIBAS
Oj, nie wyjdziesz cało,
twe życie teraz warte jakieś marne grosze.

CIENIAS
360 Lecz o co tutaj chodzi? Odpowiedz mi, proszę.

WYGIBAS
I ty się jeszcze pytasz?

CIENIAS
A co, nie wypada?

WYGIBAS
Każ sobie wyrwać jęzor, co tak głupio gada.

CIENIAS
Czemu mam wyrwać język?

WYGIBAS
Bankietka jest w domu;
ta sama, którą dzisiaj ponoć po kryjomu
365 widziałeś u sąsiada w ramionach innego. 320

CIENIAS
Jesz słomę z maku?

WYGIBAS
Czemu?

CIENIAS
Źle widzisz od tego.

WYGIBAS

Ty nie tylko źle widzisz – jesteś całkiem ślepy.
Jak można w swoim domu nie dostrzec kobiety.

CIENIAS

Co ty mówisz? „W swym domu"?

WYGIBAS

„W swym domu", głuptasie.

CIENIAS

370 Okropnie mnie dotknąłeś, przestań, Wygibasie.

WYGIBAS

pokazując ręce

Popatrz, mam czyste ręce.

CIENIAS

Czy to nowa psota?

WYGIBAS

Gdybym cię dotknął, miałbym brudne jak od błota. 325

CIENIAS

Łeb ci chyba rozwalę.

WYGIBAS

O nie, to ja tobie,
jeśli nic się nie zmieni w twych oczach i mowie.

Wskazując drzwi do domu żołnierza, po prawej

375 Patrz, to nasze drzwi skrzypią.

CIENIAS

wskazując dom Podejmusa, po lewej

Patrzę w tamte progi,
bo dziewczyna nie znajdzie żadnej innej drogi.

WYGIBAS

Ależ ona jest w domu. Co za podejrzenia! 330

W tym nawet cienia prawdy, mój Cieniasie, nie ma!

CIENIAS

Moje oczy widziały, mój rozum przetrawił,
a więc sam sobie wierzę i nikt już nie sprawi,
bym sądził, że dziewczyny nie ma

wskazując na lewo

w tamtym domu.
Jestem czujny – nie wyjdzie nawet po kryjomu.

WYGIBAS
do siebie

Już jest mój, bo przedarłem się na jego szaniec.

Do Cieniasa

Jeśli chcesz, to coś zrobię i zaraz się stanie,
że wyznasz swą głupotę.

CIENIAS
Zrób, jeżeli umiesz.

WYGIBAS

Przyznasz, że nic nie widzisz i nic nie rozumiesz.
Więc widziałeś dziewczynę u sąsiada?

Wskazując dom Podejmusa, po lewej

Tego?

CIENIAS
I jeszcze się czuliła w ramionach innego!

WYGIBAS
Wiesz, że między domami nie ma połączenia?

Cienias potwierdza skinieniem głowy.

Że wspólnego ogrodu i tarasu nie ma?

Cienias potwierdza skinieniem głowy.

A jeżeli tak sprawię, że zaraz zobaczysz,

jak wyjdzie

wskazując dom żołnierza, po prawej

z tego domu? Czy to będzie znaczyć,
że warty jesteś lania?

CIENIAS

Niech mnie czeka bicie!

WYGIBAS

wskazując drzwi Podejmusa

Tamtych drzwi pilnuj zatem, aby ona skrycie
nie przeszła od sąsiada.

CIENIAS

Dajesz dobrą radę,
tak też właśnie uczynię.

WYGIBAS

A ja wyprowadzę
dziewczynę zaraz z domu, tak jak ci mówiłem.

Wchodzi do domu żołnierza.

CIENIAS

do siebie

Ciekawe – czy widziałem to, co zobaczyłem,
czy może on uczyni, co mówił, że zdziała,
i dowiedzie, że w domu dziewczyna siedziała?
Przecież ja też mam oczy i nie muszę wcale
od nikogo pożyczać. Jak on się zuchwale
umie jej podprzyjaźnić, blisko niej się trzyma.
On pierwszy przy jedzeniu i zawsze otrzyma
najlepszy kawał mięsa. Jest tu tak niedługo,
a mimo to najbardziej rozpieszczanym sługą.
Lecz drzwi muszę pilnować. Zastawię je nogą.

Podchodzi do drzwi Podejmusa i staje tyłem do drzwi żołnierza.

Sam tu stanę na straży, słowa mnie nie zwiodą.

Scena 4

Cienias stoi tyłem do drzwi żołnierza, z których niepostrzeżenie wychodzi Wygibas z Bankietką; rozmawiają na stronie.

WYGIBAS
do Bankietki, cicho

Zapamiętasz moje rady?

BANKIETKA
410 Tysiąc razy je słyszałam.

WYGIBAS
Boję się, że nie dasz rady.

BANKIETKA
Niech tu przyjdzie armia cała
gapowatych kobieciątek,
a ja chytrość w nich zaszczepię
415 tylko z tego, na początek,
co mnie zbywa.

WYGIBAS
Chodź już lepiej.

Podchodzą do Cieniasa i stają za jego plecami.

Hej, Cieniasie!

CIENIAS
nie odrywając wzroku od drzwi Podejmusa

Nie ma mowy,
nie odwrócę teraz głowy!
Lecz mam uszy, gadaj zaraz!

WYGIBAS
420 No niestety, straszna kara
będzie tobie wymierzona –
krzyż potrzymasz w swych ramionach.

CIENIAS

Ale jaka jest przyczyna?

WYGIBAS

Spójrz na lewo. Któż to? Powiedz.

CIENIAS

425 To żołnierza konkubina!

Do siebie

Zaraz zginę! O bogowie!

WYGIBAS

Takie samo mam wrażenie.

Do Bankietki

Czemu zwlekasz aż tak długo?

CIENIAS

Ja z czymś zwlekam?

WYGIBAS

Z powieszeniem.

BANKIETKA

do Wygibasa

430 Gadać chcę z tym

ironicznie

bystrym sługą,
co posądził mnie niewinnie
o łajdactwo.

WYGIBAS

wskazując Cieniasa

Stoi przy mnie! 365
O tych rzeczach on mi gadał.

Do Cieniasa
Cienko z tobą.

BANKIETKA
do Cieniasa

Skąd powstała
435 plotka, że ja u sąsiada
tak się czule całowałam?

WYGIBAS
I do tego z nieznajomym!

CIENIAS
Ja mówiłem.

BANKIETKA
A widziałeś?

CIENIAS
Jestem o tym przeświadczony,
440 bo mam oczy jeszcze całe.

BANKIETKA
Wnet je stracisz, bo cóż znaczą?
Więcej widzą, niż zobaczą.

CIENIAS
Za nic mam twe groźby śmiałe.
Co widziałem, to widziałem!

BANKIETKA
445 Jestem głupia i stuknięta,
że z tym durniem dyskutuję.
Łeb mu urwę! Popamięta!

CIENIAS
Ja się groźbą nie przejmuję.
Krzyż mnie czeka – nie ma rady,
450 bo tradycję czcić wypada;

więc zawisnę, idąc w ślady
ojca, dziada i pradziada.

Do Bankietki, z rezygnacją

Cóż więc groźba twoja znaczy?

Do Wygibasa

Wygibasie, możesz pomóc?
455 Może ty mi wytłumaczysz,
skąd się wzięła?

WYGIBAS
wskazując dom żołnierza

Przyszła z domu.

CIENIAS
wskazując dom żołnierza

Z tego domu? Czy ty szydzisz?

WYGIBAS
machając mu ręką przed oczami

Hej, Cieniasie, a mnie widzisz?

CIENIAS
Ciebie widzę doskonale,
460 lecz uwierzyć wprost nie mogę,
w jaki sposób mogła znaleźć

*wskazując drogę z domu Podejmusa, po lewej,
do domu żołnierza, po prawej*

stamtąd tu, do domu, drogę:
nie przez ogród, nie przez taras,
nie przez okno, bo ma kratę.
465 Lecz tu była, mogę zaraz
nawet przysiąc.

WYGIBAS
    Widzę zatem,
że w zarzutach nie ustajesz.

BANKIETKA
A ja widzę, o bogowie,
że mój sen się jawą staje.

WYGIBAS
470 A co śniłaś?

BANKIETKA
Zaraz powiem.
W nocy siostra mi się śniła,
ta bliźniaczka, że od mamy
prosto z Aten tu przybyła,
do Efezu, z ukochanym.
475 Zamieszkali u sąsiada.

WYGIBAS
do widzów

To mój sen mu opowiada.

BANKIETKA
Siebie we śnie też widziałam,
a choć przyjazd mojej siostry
mnie ucieszył, jednak miałam
480 z jej powodu bardzo ostry
konflikt z jednym niewolnikiem,
który rzeczy takie same
jak ty mówił: napadł z krzykiem,
że się czule z jakimś panem
485 całowałam. Lecz rzecz prosta –
widział, jak się całowała
z swym kochankiem moja siostra.
We śnie za to wina cała
na mnie spadła.

WYGIBAS
do Bankietki

Dziwna sprawa:
490 myślisz sen, a to jest jawa.
Wszystko, co ci się wyśniło,
zaraz w życiu się zdarzyło.

Wznieś do bogów dziękczynienia
i posłuchaj mojej rady –

wskazując na dom żołnierza

powiedz panu.

BANKIETKA

Bez wątpienia
mu opowiem.

Do Cieniasa

Nikt mi zdrady
nie zarzuci.

Bankietka wchodzi do domu żołnierza.

CIENIAS

Co ja zrobię?
Już na grzbiecie czuję kije.

WYGIBAS

Czy ty wiesz, że już po tobie?
Czy ty wiesz, że już nie żyjesz?

CIENIAS

Lecz przynajmniej w domu siedzi.

Wskazując dom żołnierza

Teraz będę tu straż trzymał.

WYGIBAS

Przecież to, coś ty wyśledził,
sen Bankietki przypomina.

CIENIAS

Już nic nie wiem. Mówiąc szczerze,
chociaż wiem, że ją widziałem,
to sam sobie już nie wierzę –
myślę, że jej nie widziałem.

WYGIBAS

Już za późno, moim zdaniem,

510 nie nadrobisz teraz skruchą.
Gdy pomówi ona z panem,
to nie ujdzie ci na sucho.

CIENIAS

Coś mi oczy przysłoniło
i osłabła wzroku siła.

WYGIBAS

515 Dla mnie zawsze jasnym było,
że się z domu nie ruszyła.

CIENIAS

Nic już nie wiem. W świecie całym
nie ma chyba nic pewnego;
choć widziałem, nie widziałem.

WYGIBAS

520 Chciałeś grać „najwierniejszego",
lecz przepadłeś przez głupotę
i wyszedłeś na idiotę.

Słychać skrzypienie drzwi w domu Podejmusa.

Później z tobą rzecz obgadam,
bo drzwi skrzypią u sąsiada.

Chowają się pod ścianą domu żołnierza, po prawej.

Scena 5

*Wygibas i Cienias stoją pod ścianą. Z domu Podejmusa, po lewej,
wychodzi Bankietka, ubrana inaczej niż przedtem,
gra bowiem swą bliźniaczą siostrę. Dziewczyna udaje,
że nie widzi ukrytych pod ścianą niewolników.*

BANKIETKA

do służby wewnątrz domu

525 Weź pachnidła arabskie oraz rozpal ogień!
Pragnę dziś podziękować najwspanialszej z bogiń,

Dianie, co nas wyniosła z otchłani Neptuna,
gdzie straszliwa zagłada w burzy fal szła ku nam.

CIENIAS
do Wygibasa

O drogi Wygibasie, o mój Wygibasie! 415

WYGIBAS

530 Czy stało się coś złego,

parodiując

Cieniasie, Cieniasie?

CIENIAS
Powiedz, czy ta dziewczyna, która tutaj zmierza,
jest, czy nie jest Bankietką naszego żołnierza.

WYGIBAS
Zdaje się, że to ona, lecz pojąć nie mogę,
jak z domu do sąsiada odnalazła drogę;

zastrzegając się

535 jeżeli to jest ona.

CIENIAS
A masz wątpliwości?

WYGIBAS
Zdaje się, że to ona.

CIENIAS
Dla wszelkiej pewności
chodźmy z nią porozmawiać.

Podchodząc do Bankietki

Co robisz, Bankietko? 420
Czemu się do sąsiada zakradasz zdradziecko?
Masz tutaj jakąś sprawę?

Bankietka nie reaguje.

Ja mówię do ciebie!

WYGIBAS
do Cieniasa

540 Na Polluksa, ty raczej mówisz sam do siebie,
bo ona ciągle milczy.

CIENIAS
do Bankietki

Czemu nic nie gadasz,
ty szelmo, co się włóczysz gdzieś tam po sąsiadach?
Mówię do ciebie!

BANKIETKA
Do mnie?!

CIENIAS
Pewnie, że do ciebie.

BANKIETKA
A kim ty jesteś, powiedz, i co cię tu wiedzie. 425

CIENIAS
545 Ty mnie pytasz, kim jestem?

BANKIETKA
Cóż widzisz w tym złego,
że pytam, skoro nie wiem?

WYGIBAS
do Bankietki

Jeśli nie znasz jego,
może wiesz, kim ja jestem?

BANKIETKA
Mam cię za intruza!

CIENIAS
Więc nas nie znasz?

BANKIETKA
Nie, nie znam.

CIENIAS

do Wygibasa

Zarobimy guza.

Boję się.

WYGIBAS

Ale czego?

CIENIAS

Że my siebie samych
musieliśmy gdzieś zgubić, obcych w sobie mamy.
Ona nas nie poznaje.

WYGIBAS

Zaraz rzecz wybadam:
czy my to my, czy obcy; czy też od sąsiada
ktoś nas skrycie przemienił.

CIENIAS

Mogę przysiąc prawie,
że ciągle ten sam jestem.

WYGIBAS

Ja też.

Do Bankietki

Zaraz sprawię
ci tu lanie, Bankietko. Bankietko!

Do Cieniasa, wskazując dziewczynę

Patrz, głucha.

BANKIETKA

do Wygibasa

Masz bzika, że tak dziwnie mnie przezywasz?

WYGIBAS

do Bankietki

Słuchaj,

to jak tobie na imię?

BANKIETKA
Moralia.

CIENIAS
To zdrada!
Jak możesz takie kłamstwa nam, Bankietko, gadać!
Ty jesteś Amoralia – zdradzasz mego pana.

BANKIETKA
560 Ja?

CIENIAS
Ty!

BANKIETKA
Przecież dopiero wczoraj, wcześnie z rana
przybyłam tu wprost z Aten razem z ukochanym.

WYGIBAS
Co cię tutaj sprowadza? Masz tu jakieś plany?

BANKIETKA
Słyszałam, że ma siostra, bliźniaczka rodzona,
jest tutaj, więc przybyłam sprawdzić, czy to ona,
565 bowiem wszędzie jej szukam.

CIENIAS
Ty jesteś kłamczucha!

BANKIETKA
Nie, raczej głupia. Nie wiem, dlaczego was słucham.
Odchodzę.

CIENIAS
Nie pozwalam!

Chwyta ją za rękę.

BANKIETKA
Puszczaj!

CIENIAS

Nie ma mowy!
Złapałem i nie puszczę.

BANKIETKA

Wbij sobie do głowy,
że ja zwichniętą rękę, lecz ty szczękę zaraz
mieć możesz, gdy nie puścisz!

CIENIAS

do Wygibasa

Czemu się nie starasz
z drugiej strony ją chwycić? Nie stój tak, niecnoto!

WYGIBAS

Mam mieć pręgi na plecach? Nie zabiegam o to.

Przyglądając się dziewczynie, z powątpiewaniem

Może to nie Bankietka? Może to nie ona,
tylko do niej podobna?

BANKIETKA

do Cieniasa

Będę uwolniona
czy też nie?

CIENIAS

do Bankietki

Raczej siłą i wbrew twojej woli
zaciągnę cię do domu;

wskazując dom żołnierza

no chyba, że wolisz
sama iść bez przymusu.

BANKIETKA

Ja tutaj

pokazując dom Podejmusa
gościnnie
jestem razem z kochankiem, który mieszka przy mnie.
A mój dom jest w Atenach,

wskazując dom żołnierza

ten mnie nie obchodzi.
580 A was po prostu nie znam.

CIENIAS

W sądzie tak dowodzić!
Lecz jeżeli mi teraz nie dasz obietnicy,
że gdy tylko cię puszczę, prosto stąd, z ulicy,
wejdziesz do tego domu,

wskazując dom żołnierza

to cię tu zatrzymam.

BANKIETKA
Przyrzekam: jeśli puścisz – to, co każesz, zrobię. 455

CIENIAS
585 To chyba już cię puszczę.

BANKIETKA
uciekając do domu Podejmusa

A ja idę sobie.

CIENIAS
Zaufaj tu kobiecie!

WYGIBAS
I już po zwierzynie;
bo to była Bankietka. A wiesz, co jedynie
nam teraz pozostało?
Cienias kręci przecząco głową.
Idź po miecz do środka.

CIENIAS
Na co ci?

Wygibas

wskazując dom Podejmusa

Wtargnę tutaj i gdy tego spotkam,
kto całował Bankietkę, trupem go położę.

Cienias

Więc myślisz, że to ona?

Wygibas

Jak w to wątpić możesz?!

Cienias

Lecz udawała świetnie.

Wygibas

Miałeś mi miecz przynieść.

Cienias

wchodząc do domu żołnierza

Już idę!

Wygibas

do siebie

Jaki żołnierz dorówna dziewczynie
i będzie tak zuchwały, i z taką odwagą –
by nie rzec, bezczelnością – posłuży się blagą?!
Jak to znalazła słowa na dwie różne role!
Jakże łatwo zdołała stróża wywieść w pole!
Dobrze mieć przejście w ścianie!

Cienias

wypadając z domu bez miecza

Miecz się już nie przyda!

Wygibas

Nie?

Cienias

Bankietka jest w domu.

WYGIBAS
                    Zwariowałeś chyba!

Jak to „w domu"?

CIENIAS
            Jest w łóżku... leży... odpoczywa...

WYGIBAS
Jest tak, jak powiedziałeś – nawarzyłeś piwa!

CIENIAS

Jak to?

WYGIBAS
Obcą kobietę dziś napadłeś ostro.

CIENIAS

Boję się.

WYGIBAS
        Kto mógł wiedzieć o tym, że jest siostrą
naszej słodkiej Bankietki. Bo to była ona –
ta, którą dziś widziałeś w kochanka ramionach.

CIENIAS
Niewiele brakowało i byłoby po mnie,
gdybym powiedział panu...

WYGIBAS
                    Wszystko rób przytomnie –
jeżeli jesteś mądry, zachowaj dla siebie.
Niewolnik mniej powinien mówić, niźli wiedzieć.
Idę, bo nie chcę z tobą mieć już nic wspólnego.
Będę tutaj, w pobliżu.

Wskazując na dom Podejmusa

                    Przeczuwam coś złego.
Jeśliby nasz pan przyszedł i chciał ze mną gadać,
to zaraz mnie zawołaj, będę u sąsiada.

Wygibas wchodzi do domu Podejmusa.

Scena 6

CIENIAS

patrząc ze zdziwieniem za odchodzącym Wygibasem

Naprawdę poszedł! Nic się nie przejmuje
615 sprawami pana! Jakby nie w niewoli
u niego służył, tak się zachowuje!

Staje przy drzwiach domu żołnierza.

Lepiej, gdy wrócę znów do swojej roli –
stanę na straży tutaj, bo dziewczyna
jest teraz w domu; widziałem, jak spała.

*Z domu po lewej stronie wychodzi Podejmus,
udając, że nie widzi Cieniasa.*

PODEJMUS

do siebie

620 Służba żołnierza drwić ze mnie zaczyna,
chyba za babę dotychczas mnie miała,
a nie za męża! Żeby niewolnicy
śmieli poważyć się aż na tak wiele?!
Wolną osobę napaść na ulicy!
625 Moją znajomą, która z przyjacielem
przybyła z Aten i jest

wskazując swój dom

tu w gościnie,
dziś śmiał zaczepić niewolnik żołnierza.

CIENIAS

do siebie

Sądząc po słowach, kara mnie nie minie.
Na Herkulesa, on tu do mnie zmierza!

PODEJMUS

do Cieniasa

630 Cienias – ty pełna ciemnych sprawek głowo!
Jak śmiesz napadać gości bez przyczyny?!

CIENIAS
Pozwól, sąsiedzie, powiedzieć choć słowo.

PODEJMUS
Miałbym cię słuchać?

CIENIAS
Poznasz, żem bez winy.

PODEJMUS
Co? Ty bez winy?! Przecież się dopuszczasz
niedopuszczalnych rzeczy... zawsze... wszędzie...

Do siebie

Co sobie myśli ta żołnierska tłuszcza?!
Wszystko im wolno?!

CIENIAS
Niech mi wolno będzie...

PODEJMUS
O, bóg mi świadkiem, dziś jeszcze zobaczę,
jak bić cię będą długo i dokładnie
od dnia do zmroku – wcale nie inaczej!
Taka na ciebie kara za to spadnie,
bo goniąc małpę, która uciekała
przez me domostwo, zobaczyłeś u mnie
moją znajomą, jak się całowała
ze swym amantem. Ty zaś bezrozumnie
śmiałeś oskarżyć kochankę żołnierza
o jawną zdradę, a mnie o stręczenie!
Na mą znajomą żeś się też zamierzał!
Więc gdy cię dzisiaj ominą rzemienie,
twój pan się więcej w sądzie wstydu naje,
niż podczas burzy morskich fal powstaje.

CIENIAS
Tak mnie napadłeś, że sam dobrze nie wiem:
mam cię przepraszać, gdy

wskazując na dom Podejmusa

tą nie jest

wskazując na dom żołnierza

owa;

wskazując na dom żołnierza

a ta

wskazując na dom Podejmusa

nie tamtą, czy też może w gniewie
z tobą się kłócić? Biedna moja głowa,
nie wie, co widzi! Ta wasza znajoma
była podobna, bo to nie jest chyba,
nasza Bankietka?!

PODEJMUS

Wejdź, sam się przekonaj.

CIENIAS

Wolno?

PODEJMUS

Sam każę. Myślę, że się przyda,
gdy ją zobaczysz.

CIENIAS

To wchodzę do środka.

*Cienias wchodzi do domu Podejmusa, a Podejmus
podchodzi do drzwi domu żołnierza i cicho woła do Bankietki,
która znajduje się w środku.*

PODEJMUS

do Bankietki

Szybko, Bankietko, przejdź przez dziurę w ścianie,
bo on cię musi w moim domu spotkać;
a kiedy wyjdzie, to gnaj na złamanie
karku znów do was.

Do widzów

Ogromnie się boję,
by z czymś nie wpadła, bo jeżeli Cienias
jej nie zobaczy... To skrzypią drzwi moje.

Cienias wychodzi z domu Podejmusa.

CIENIAS
Wielcy bogowie! Wątpliwości nie ma –
nawet bóg drugiej takiej dać nie umie,
bardziej podobnej niż ta u sąsiada;
670 niemal tej samej, ale innej w sumie.

PODEJMUS
Co powiesz teraz?

CIENIAS
Przeprosić wypada.

PODEJMUS
Czy to Bankietka?

CIENIAS
Chociaż to jest ona,
jednak nie ona.

PODEJMUS
Dobrze ją widziałeś?

CIENIAS
Tak, nawet jego, bo miał ją w ramionach.

PODEJMUS
675 Więc to Bankietka?

CIENIAS
Za Bankietkę brałem,
lecz teraz nie wiem.

PODEJMUS
Chcesz znać prawdę o tym?

Cienias potakuje głową.

Więc sprawdź, czy wasza wciąż w domu śpi błogo
i gdzieś nie wyszła.

CIENIAS

kierując się do domu żołnierza

Wnet będę z powrotem.
Świetnie mi radzisz!

Cienias wchodzi do domu żołnierza.

PODEJMUS

do widzów

Ja nie znam nikogo,
680 kogo tak łatwo mógłbym za nos wodzić.

Cienias wychodzi znów na scenę.

CIENIAS

Ja cię zaklinam na twoje kolana, 540
na moją głowę...

PODEJMUS

Ależ o co chodzi?

CIENIAS

Wybacz głupotę i brak rozeznania.
Teraz znam prawdę, wiem, że byłem ślepy,
685 tępy, bezmyślny. W domu siedzi sobie 545
nasza Bankietka.

PODEJMUS

Więc te dwie kobiety
dobrze widziałeś?

CIENIAS

Widziałem je obie.

PODEJMUS

Zawołaj pana.

CIENIAS

To jest moja wina,
że twa znajoma jest poturbowana,

690 lecz byłem pewien, że to konkubina
mego żołnierza, która pilnowana
ma być przeze mnie. Jak dwie krople wody,
tak są do siebie podobne dziewczyny.
Wiem, podglądałem! Masz słuszne powody,
695 żeby się gniewać.

Podejmus
Miałbyś się do winy
jeszcze nie przyznać?! Widziałem cię przecież!
A ty widziałeś, jak się tu czuliła
moja znajoma?

Cienias
Widziałem, nie przeczę,
lecz w moich oczach to Bankietka była.

Podejmus
700 Myślisz, że jestem wstrętniejszy od gada,
skoro uważasz, że pod swoim dachem
pozwolę skrzywdzić mojego sąsiada,
jego kochankę łącząc z jakimś gachem.

Cienias
Teraz rozumiem, jak się wygłupiłem,
705 gdy już dogłębnie poznałem tę sprawę,
ale niechcący to przecież zrobiłem.

Podejmus
Ale zrobiłeś. Niewolnika prawem
jest pod kontrolą mieć oczy i ręce,
a także język.

Cienias
Odtąd, gdy coś powiem,
710 choćbym był pewien, niechaj umrę w męce.
Sam ci się oddam. Lecz daruj mnie zdrowiem
ten raz ostatni.

Podejmus
Wbrew samemu sobie
staram się wierzyć, że tego nie chciałeś,
więc ci przebaczam.

CIENIAS
Niech bogowie tobie
zawsze sprzyjają.

PODEJMUS
Odtąd nie widziałeś,
co zobaczyłeś; nie słyszałeś wcale,
o czym wiesz dobrze – gdy chcesz, by bogowie
wciąż cię kochali.

CIENIAS
To rada wspaniała!
Będę już milczał i nikt się nie dowie.
Czy to już wszystko?

PODEJMUS
Zjeżdżaj!

CIENIAS
I nic więcej?

PODEJMUS
Nie chcę cię widzieć. Idź, bo kark ci skręcę!

*Podejmus kieruje się w stronę swego domu, ale przystaje
przed drzwiami, by zobaczyć, co zrobi Cienias.*

CIENIAS
do siebie

Chce mnie oszukać. Potraktował mile,
nic się nie złościł i poniechał kary,
lecz ja wiem dobrze – czeka na tę chwilę,
gdy żołnierz wróci. Wygibas i stary
chcą mnie odsprzedać. Wiem to, słowo daję.
Lecz mnie nie złapią w zastawione sieci,
bo im ucieknę; w dziurze się przyczaję
i z niej nie wyjdę, nim kilka dni zleci,
aż nie przeminie gniew i zamieszanie,
bom dość zawinił jak na niewolnika.

Zmieniając plany, z rezygnacją
Ech, będę w domu i niech już się stanie
nawet najgorsze.

Wchodzi do domu żołnierza.

PODEJMUS
do siebie, patrząc za Cieniasem

O, proszę, jak zmyka!
Zabite prosię, w formie pieczystego,
więcej oleju ma, niż on mieć raczy.
Dać sobie wmówić, przekonać do tego,
że nie zobaczył tego, co zobaczył?!
Tak nam powierzyć swe uszy i oczy!
Lecz to zwycięstwo to dziewczyny praca,
bo też umiała śmiesznie się z nim droczyć.
Cóż, na obrady „senatu" powracam:
Wygibas u mnie, a Cieniasa nie ma,
więc obradować można bez wahania;
nie chcę przegapić tego posiedzenia,
bo mnie pominą podczas losowania.

Akt III

Scena 1

Z domu Podejmusa na scenę wychodzi najpierw Wygibas, potem Podejmus i Żeglokles.

WYGIBAS

wołając do otwierającego drzwi Żegloklesa

Zostańcie jeszcze w środku, w domu, Żegloklesie.
Muszę się wpierw rozejrzeć, czy ktoś nie doniesie,
o czym będziemy radzić. Trzeba miejsce znaleźć,
gdzie wróg naszego planu nam nie złupi wcale.
Bo kiedy nieprzyjaciel ma na tym skorzystać,
to nie rada, lecz zdrada – rzecz to oczywista;
kiedy wrogowi służy, wtedy szkodzi tobie.
A często tajne plany mogą znać wrogowie,
jeśli się nieostrożnie, bez zastanowienia
miejsce rozmów wybiera. I wszystko się zmienia,
gdy wykryją twój podstęp. Wtedy własnym planem
będziesz miał wolę, język i ręce związane,
i to, co ty im chciałeś, oni tobie zrobią.
Wpierw zobaczę, czy tutaj nie skrada się drogą
ktoś, kto chce złowić uchem jak siecią me plany.
Pusto.

Wołając do wnętrza domu Podejmusa

Hej, Podejmusie, chodźcie, zaczynamy.

Podejmus i Żeglokles wychodzą z domu.

PODEJMUS

Jesteśmy ci posłuszni.

WYGIBAS

Rozkazy wydawać
dobrym ludziom – to proste. Chciałbym porozmawiać
i ustalić nareszcie, jaki plan działania.
Czy ten sam, który dzisiaj przyjęliśmy z rana?

PODEJMUS

Jaki inny się bardziej przysłuży tej sprawie?

Wygibas
do Żegloklesa

Co myślisz?

Żeglokles
Skoro ciebie on zachwyca prawie,
to powiedz, czy ja mogę nie być zachwycony?
Nie znajdzie się nikt bardziej niż ty zasłużony.

Wygibas
do Podejmusa

Jak miło o mnie mówi.

Podejmus
Ech, on ci tak gada,
bo czy w tej sytuacji inaczej wypada?

Żeglokles
Na Polluksa, ja cierpię, to wręcz torturuje
mego ducha i ciało.

Podejmus
Co cię tak katuje?

Żeglokles
do Podejmusa

Że ciebie, w twoim wieku, ja miłością swoją
wciągam w te wszystkie sprawy, co ci nie przystoją,
i wymagam od ciebie, byś wytężał siły
w takich sprawach miłosnych, co to zawsze były
rzeczą, której unikać, niż szukać należy;
a zwłaszcza dla człowieka w twym wieku. Chciej wierzyć –
wstydzę się, że twą starość ciągle niepokoję.

Wygibas
To jakaś dziwna miłość te amory twoje,
bo cokolwiek uczynisz, masz wstydu rumieniec.
Ty nie jesteś kochankiem, ale jego cieniem.

ŻEGLOKLES
do Podejmusa

Czyż wypada tak wciągać w miłostki świadomie
człowieka w twoim wieku, co prawie przy zgonie?

PODEJMUS

Co ty mówisz? Więc tobie zapewne się zdaje,
że ja od dawna zwiedzam te podziemne kraje,
że wyszedłem z grobowca, że wiele lat żyję.
Tylko pięćdziesiąt cztery – o, mam sprawną szyję,
macham ręką i nogą, wzroku pozazdrościć.

WYGIBAS
do Żegloklesa

Chociaż jest całkiem siwy, nie ma w nim starości
i jakby już wrodzoną ma młodzieńczą siłę.

ŻEGLOKLES

Na Polluksa, to prawda, ja jej doświadczyłem,
bo ta jego życzliwość jest prawie młodzieńcza.

PODEJMUS
do Żegloklesa

Gdy przyjdzie co do czego, to ja ci zaręczam –
poznasz, jaką sympatią naprawdę cię darzę
i jak bardzo ci sprzyjam.

ŻEGLOKLES
                Ty mi poznać każesz
rzeczy, które znam dobrze?

PODEJMUS
                    Chcę, byś z doświadczenia
poznał miłość, nie z książek, bo ten, co go nie ma
i co nigdy nie kochał, ten pojąć nie umie
cierpień czułego serca i ich nie zrozumie.
Znam miłość i mam w żyłach żywą krew, nie wodę,
i nie jestem nieczuły na wdzięk i urodę.
Potrafię być dowcipnym kompanem przy stole
i duszy towarzystwa odgrywać tam rolę.

Nie robię, czego nigdy robić nie wypada:
mówię, kiedy mam mówić – gdy ktoś inny gada,
wtedy milczę; nie siorbię, nie mlaskam i nie czkam.
W końcu nie gdzieś w prowincji, lecz w Efezie mieszkam.

WYGIBAS
do Podejmusa

O drogi półstaruszku, mając takie cnoty,
o których tu mówiłeś, przekonałeś o tym,
że musiałeś się chować pod opieką Gracji.

PODEJMUS

Więcej, niż mogę wyrzec, znajdziesz we mnie gracji:
na ucztach cudzych dziewcząt nigdy nie podrywam,
nie wybieram co lepszych kawałków mięsiwa,
amfor i czar nie tłukę, nie wylewam wina,
nigdy na uczcie burdy przy dzbanie nie wszczynam.
Jeśli kogoś nie lubię, wtedy milczeć wolę
albo idę do domu – gdy jestem przy stole,
to pragnę przyjemności i słodkiej Wenery.

WYGIBAS
do Podejmusa

O, jakże doskonałe są twoje maniery.

Do Żegloklesa

Pokaż trzech takich ludzi, a zapłacę złotem.

ŻEGLOKLES

Lecz nie znajdziesz żadnego, nawet nie myśl o tym.
Któż by ci w takim wieku pomagał tak wiele
i był dla przyjaciela większym przyjacielem?!

PODEJMUS

Zobaczysz – sam mi przyznasz, że mam młodą duszę,
gdy ujrzysz mnie w działaniu. Surowym być muszę?
Proszę bardzo, to będę. Mam grać łagodnego?
To będę spokojniejszy od Morza Martwego
i bardziej delikatny niż Zefir na wiosnę.
Umiem z siebie wykrzesać żarciki radosne,
być wesołkiem na uczcie, a jeśli rozkażesz,

mogę być pierwszorzędnym głodnym pieczeniarzem
lub najlepszym smakoszem, dandys zniewieściały
w tańcu mi nie dorówna.

WYGIBAS

do Żegloklesa

Sądzisz, że to mały
zestaw umiejętności? Czy chcesz jeszcze czegoś?

ŻEGLOKLES

wskazując Podejmusa

Bym się mógł mu odwdzięczyć za tyle dobrego.
I tobie. Wiem, że dla was ja jestem zgryzotą,
jestem źródłem wydatków...

PODEJMUS

do Żegloklesa

Ty jesteś idiotą.
Bowiem tylko wydatki na wroga i żonę
można mieć za pieniądze w błoto wyrzucone.
Kiedy na przyjaciela swe zasoby tracisz
lub na miłego gościa – tylko się bogacisz.
I każdy mądry człowiek za swój zysk uważa
pieniądz, który zostawił na boskich ołtarzach.
Dzięki bogom, swych gości mogę przyjąć godnie.
Jedz i pij, ile zechcesz, i czuj się swobodnie,
bo jestem kawalerem i nie ma w mych progach
kobiet; dla siebie żyję, chociaż z łaski boga
dzięki swoim bogactwom byłbym godny żony
z pozycją i majątkiem,

zgryźliwie

z domem wypełnionym
jej ciągłym ujadaniem – nie, nie chcę, dziękuję.

WYGIBAS

Dlaczego? No, a dzieci? Ich ci nie brakuje?
Tak łatwo rezygnować z potomstwa nie wolno!

PODEJMUS
Lecz przyznasz, że przyjemniej, gdy żyje się wolno.

WYGIBAS
Ty potrafisz każdemu radzić doskonale,
więc doradź także sobie.

PODEJMUS
Ja nie ganię wcale
małżeństwa z dobrą żoną. Lecz czy są takowe?
Czyż mam poślubić żonę, co nigdy nie powie:
"Kup mi wełny, a zrobię ci płaszcz ciepły, długi,
żebyś mi nie zmarzł w zimie"? To prędzej od sługi
niż od żony usłyszysz. Żona cię obudzi
z pierwszym pianiem koguta i zacznie marudzić:
"Daj mi coś, bym znów miała na prezent dla matki;
daj mi na gospodarstwo; daj mi też na datki
w święta boskiej Minerwy; daj mi też, bym miała
dla wróżki od uroków; dla tej, co się znała
na snach; dla tej od znaków; dla tej, co z wątroby
zabitego zwierzęcia przewidzi choroby.
Wstyd byłoby mi nie dać tej, co mi wróżyła
z układu brwi i oka. A dzisiaj niemiła
była dla mnie krawcowa, bo jej nic nie dałam.
Ta, co stoi przy żarnach, też nic nie dostała.
Akuszerka zrobiła dziką awanturę,
bo dostała za mało. A co z tymi, które
opiekują się dziećmi twoich niewolników?".
A ja lubię mieć spokój i nie znoszę krzyku.
Więc te i tym podobne kobiece przywary
każą strzec się małżeństwa jak najgorszej kary.

WYGIBAS
Bogowie ci sprzyjają. Kto straci swobodę,
niełatwo ją odzyska.

ŻEGLOKLES
do Podejmusa

Wprost pojąć nie mogę!
Bo wszyscy pragną tego i dziękują bogom,

jeśli swoją fortunę i swą sławę mogą
zostawić własnym dzieciom, wiecznej chluby pewni.

PODEJMUS

Nie potrzeba mi dzieci, gdy mam licznych krewnych.
Żyję sobie szczęśliwie: jak chcę i jak lubię,
a po śmierci majątek, którym dziś się chlubię,
rozdam krewnym, co przyjdą w tej ostatniej dobie
otoczyć mnie opieką. Już dzisiaj – „Co robię?" –
nagminnie mnie pytają i – „Czy nie chcę czegoś?".
Przed świtem są, by wiedzieć, czy nocą coś złego,
broń bóg, mi się nie śniło. Zawsze ślą mi dary
i więcej mam niż oni z każdej ich ofiary,
jaką składają bogom. U nich jem, ucztuję.
I wiem, że spośród wszystkich najgorzej się czuje
ten, co najmniej mi posłał.

Śmiejąc się

Gdybyś znał tych zuchów!
Prześcigają się w darach! A ja mówię w duchu:
„Ślą prezenty, bo każdy na spadek poluje!".

WYGIBAS

Widzę, że wiesz, co dobre, i życie planujesz
rozsądnie i z rozmysłem. Gdy ci dobrze leci,
masz jakby kilku synów.

PODEJMUS

A gdybym miał dzieci?!
O syna bym się martwił i pomyślał nieraz
podczas jego choroby, że pewnie umiera.
Gdyby pijany upadł albo zleciał z konia,
bałbym się, że kark skręcił i że zaraz skona.

ŻEGLOKLES

wskazując Podejmusa

Ten to sobie zasłużył na najdłuższe życie:
umie dbać o majątek, użyć należycie
i wspiera swych przyjaciół.

WYGIBAS

Przymiotów ma wiele!

Niech bogowie wybaczą, że ja się ośmielę...,
lecz rzecz mi się wydaje dość niesprawiedliwa:
dlaczego wszystkim życie tak samo upływa?
Tak jak nadzorca targu towary wycenia,
dobre sprzedając drogo, wręcz dla potwierdzenia
ich wysokiej jakości, a za to tandeta
idzie już za pół ceny, tak życie człowieka
winien Olimp wyceniać. Temu, co jest miły –
dać bardzo długie życie, pełne zdrowia, siły;
łotrów zaś i zbrodniarzy niechaj śmierć powali.
Byłoby mniej łajdaków, bardziej by się bali.
I gdyby sami dobrzy zostali, to... może...
spadłyby chociaż trochę te ceny za zboże.

PODEJMUS

Kto bogów krytykuje i gani, jest głupi.
Lecz teraz to zostawmy. Muszę iść coś kupić,

do Żegloklesa

aby cię dobrym jadłem wspaniale ugościć,
jak to przystoi twojej i mojej godności.

ŻEGLOKLES
do Podejmusa

Martwię się, że przeze mnie wydajesz tak wiele.
Każdy gość, nawet jeśli byłby przyjacielem,
po trzech dniach jest ciężarem, lecz gdy siedzi dziesięć –
to już *Iliada* gniewu. Choć gospodarz zniesie,
to mruczą niewolnicy.

PODEJMUS

Tych mam wyszkolonych:
ja wydaję rozkazy, na pewno nie oni!
Muszą być mi posłuszni! Chociaż im niemiło –
jak ja zagram, tak tańczą. Nawet gdyby było
im nie w smak – muszą robić, choćby z obrzydzeniem,
bo jak nie, to ukarzę.

Zbierając się do odejścia

Idę po jedzenie.

ŻEGLOKLES

Jeśli musisz koniecznie, to kup, ale skromnie.
Nie wydawaj za wiele. Jeśli chodzi o mnie,
byle co mi wystarczy.

PODEJMUS

I po co ta mowa?
Te stare wyświechtane parweniuszy słowa,
które słyszę, ilekroć na ucztę przychodzą:
„Po co tyle wydatków? Na co i dla kogo?
Dla nas? Ty zwariowałeś?! To nawet za dużo
byłoby dla dziesięciu". Ganią, czoła chmurzą
na koszty, których źródłem byli oni sami,
ale wszystko zjadają.

WYGIBAS

Tak bywa czasami.
Jakże świetnie to ujął.

PODEJMUS

Choć stół się ugina,
żaden nigdy nie powie: „Każ zabrać te wina.
Schowaj tę szynkę, nie chcę, i te mięsa różne.
A węgorz się nie psuje – zjesz na zimno, później.
Zabierz to wszystko, schowaj". Nigdy od żadnego
takich słów nie usłyszysz. A jeszcze do tego
na stół się prawie kładą, chcąc sięgnąć potrawy.

WYGIBAS

do Żegloklesa

Jak zło dobrze przedstawił!

PODEJMUS

Jedną setną sprawy
jedynie nakreśliłem. Powiedziałbym więcej,
gdyby mi czas pozwolił.

WYGIBAS

Pomyślmy czym prędzej,
jakby tę rzecz załatwić. Słuchajcie więc obaj.

Podejmusie, do planu mi twoja osoba
będzie bardzo potrzebna. Mam go już w całości.
Wiem, jak podejść żołnierza, że mu aż z wściekłości
960 wyprostują się loki, które ma na głowie.
Dziś Bankietkę mu wydrze

wskazując Żegloklesa

                       ten tu oto człowiek
i zabierze do Aten.

PODEJMUS
Powiesz nam intrygę? 770

WYGIBAS
do Podejmusa, wskazując jego pierścień

To ty mi powierz pierścień, co na palcu widzę.

PODEJMUS
Do czego ci potrzebny?

WYGIBAS
                     Kiedy go dostanę,
965 poznasz całą konstrukcję, która jest w mym planie.

PODEJMUS
rzucając mu pierścień

Więc masz i niech ci służy.

WYGIBAS
                   No, to zaraz powiem,
jak wygląda intryga, którą mam już w głowie.

PODEJMUS
Obaj pilnie słuchamy.

WYGIBAS
                 Mój pan, pewnie wiecie,
jest strasznym kobieciarzem. Myślę, że na świecie 775
970 nie było i nie będzie takiego drugiego.

PODEJMUS
Ja tak samo uważam.

WYGIBAS
A jeszcze do tego
myśli, że od Parysa ma większe zalety
i wspanialszą urodę i wszystkie kobiety
uganiają się za nim.

PODEJMUS
do widzów

A ja się założę,
975 że bardzo by pragnęli ci wszyscy mężowie,
aby to była prawda, i wiele by dali,
by mieć pewność, że żołnierz tylko tak się chwali.
Ja wiem, że prawdą była Wygibasa mowa. 780

Do Wygibasa
A teraz mów, co robić; ale tak w dwóch słowach.

WYGIBAS
980 Znajdź mi piękną kobietę. Lecz to jeszcze mało –
musi mieć także główkę przebiegłą i ciało.

PODEJMUS
Wolną czy wyzwoloną?

WYGIBAS
To jest bez różnicy.
Tylko sprowadź mi taką, co na pieniądz liczy, 785
utrzymując swe ciało pracą swego ciała,
985 i ma tyle rozumu, by zarobić chciała;
bo serca nie ma żadna.

PODEJMUS
Dziewkę czy dziewicę?

WYGIBAS
Wszystko jedno. Ponętną! I na to też liczę,
że będzie młoda, piękna.

PODEJMUS
                        Mam pod swą opieką
młodą, piękną heterę. Ale zdradź nam nieco,
do czego ci potrzebna.

WYGIBAS
                            Niech w szatach matrony,
z włosem gładko upiętym gra rolę twej żony.
Weź ją do swego domu.

PODEJMUS
                       Ja nic nie rozumiem.

WYGIBAS
Zaraz wszystko wyjaśnię. Jest służąca u niej?

PODEJMUS
Jest i to bardzo sprytna.

WYGIBAS
                         Też będzie potrzebna.
Powtórz wszystko kobietom. Przykaż, żeby jedna
udawała twą żonę. Poucz ją, że kona
z miłości do żołnierza, więc ten pierścień ona
dała swojej służącej, która mi przyniosła,
bym oddał żołnierzowi, grając rolę posła.

PODEJMUS
zniecierpliwiony długim wywodem

Słyszę, nie myśl, że zmysły mam już przytępione,
słuch mam wprost doskonały.

WYGIBAS
                            Ja zaraz pierścionek
zaniosę żołnierzowi – niby, że go dała
twoja żona w prezencie, bo bardzo by chciała
mieć schadzkę z Basztoburzem. A on się napali.
To człowiek, który oprócz miłosnych skandali
nic więcej nie potrafi.

PODEJMUS
I Słońce na niebie,
choć jest bogiem, nie zdoła wyszukać dla ciebie
tak odpowiednich dziewcząt, jakie ja sprowadzę.
Możesz więc być spokojny.

Kieruje się w stronę forum, na prawo.

WYGIBAS
Ale ja ci radzę –
1010 staraj się z całej mocy i nie baw zbyt długo.

Do Żegloklesa

Posłuchaj, Żegloklesie.

ŻEGLOKLES
Jam twym wiernym sługą!

WYGIBAS
Gdy żołnierz przyjdzie do was, pilnuj się szalenie,
by nie nazwać Bankietki jej własnym imieniem.

ŻEGLOKLES
Tylko jakim?

WYGIBAS
Moralia.

ŻEGLOKLES
Prawda, już pamiętam.
1015 Tak wcześniej ustaliłeś.

WYGIBAS
wskazując mu drogę do domu

Już się tu nie pętaj.

ŻEGLOKLES
Nie zapomnę, lecz powiedz, jaka korzyść z tego,
że będę wciąż pamiętał?

WYGIBAS
Przyjdzie co do czego,
to powiem, ale teraz – język za zębami!

Wskazując drogę, którą odszedł Podejmus

Tamten już rolę zaczął, a ty razem z nami
zaraz swoją odegrasz.

ŻEGLOKLES
Więc do domu idę.

WYGIBAS
Działaj i nie zapomnij o naszej intrydze.

Żeglokles wchodzi do domu, po lewej.

Scena 2

WYGIBAS
Dziś konkubinę wydrę żołnierzowi,
bowiem wprawiłem w ruch machinę całą –
moi piechurzy już pewnie gotowi.
Teraz z Cieniasem by mi się przydało
chwilę pomówić.

Zwracając się w stronę drzwi żołnierza, na prawo

Cieniasie, wyjdź, proszę,
jeśli nie jesteś pracą zbyt zajęty.
Wygibas woła.

Zamiast Cieniasa wychodzi mocno podchmielony Napiwek.

NAPIWEK
Wiadomość przynoszę,
że nie ma czasu.

WYGIBAS
Co to za wykręty?!
Co teraz robi?

NAPIWEK
Cienias śpi i chlipie.

WYGIBAS
Co robi? Chlipie?

NAPIWEK
Chciałem rzec, że chrapie,
lecz oba słowa są w tym samym typie.

WYGIBAS
Dobrze rozumiem, że Cienias śpi w chacie?

NAPIWEK
Ale nie cały! Bo jego nos krzyczy.
Widzisz, nasz Cienias przyssał się do dzbana,
kiedy dziś rano mieszano w piwnicy
wino wraz z nardem.

WYGIBAS
Znalazłem gałgana!
Tyś był podczaszym?!

NAPIWEK
Czego chcesz ode mnie?

WYGIBAS
Jak on mógł zasnąć?

NAPIWEK
O tak – zamknął oczy.

WYGIBAS
Nie o to pytam, więc nie żartuj ze mnie.
Chodź tu i gadaj. Nie doczekasz nocy,
jeśli coś skłamiesz. Ty mu dałeś wina?

NAPIWEK
Ja??? Nie, nie dałem!

WYGIBAS
Nie chcesz przeczyć chyba?!

NAPIWEK
Cóż, będę przeczyć! To nie moja wina,
1045 tak kazał Cienias – wtedy się nie wyda:
wcale nie osiem dzbanów wina warzył
i nie on wypił wszystko do śniadania.

WYGIBAS
A ty nie piłeś?!

NAPIWEK
Żebym się poparzył?
Takie gorące tylko do chlipania,
1050 a nie do picia!

WYGIBAS
Jedni wino piją,
drugich zaś woda z manierki wprost dławi.

Ironicznie

Wiedział nasz żołnierz na pewno, pod czyją
czułą opieką piwnicę zostawić!

NAPIWEK
Też byś tak robił, gdyby ci oddano
1055 pod straż piwnicę. Ale że nie możesz,
więc nam zazdrościsz.

WYGIBAS
To Cienias tak samo
robił już wcześniej?

Napiwek milczy.

Chyba ci pomoże
przypomnieć sobie, to co powiem szczerze:
za jedno kłamstwo do krzyża przymierzę!

NAPIWEK
1060 A więc to tak jest? Chcesz wszystkim ogłosić
to, co mówiłem – gdy mnie pan wykopie
z piwnicy, która profit mi przynosi,
ty będziesz stróżem i już inny chłopiec
będzie ci służyć.

Wygibas

Nie! Ja tak nie zrobię,
1065 słowo ci daję, możesz mówić śmiało.

Napiwek

Ja nie widziałem, by Cienias brał sobie
choć trochę wina. Zawsze tak się działo,
że mnie to zlecał – ja mu nalewałem.

Wygibas

Więc to on nasze obala amfory,
1070 które do góry nogami widziałem, 850
bo były puste.

Napiwek

Ale udział spory
ma w tym ktoś, co się przyłożył do sprawy:
stoi w piwnicy dzbanuszek litrowy –
ja go widziałem – ponad dziesięć razy
1075 sam się napełniał i to on na głowy
stawiał amfory, on w bachicznym szale 855
jedną po drugiej kasował wytrwale.

Wygibas

Wejdź już do środka, bo przecież w piwnicy
masz Bachanalia. Ja zaś za żołnierzem
1080 chcę się rozejrzeć.

*Wygibas kieruje się w stronę forum, na prawo, ale zatrzymuje się,
żeby popatrzeć, co zrobi Napiwek.*

Napiwek

Kiedy pan z ulicy
wróci do domu, pewnie krzyż przymierzę,
bo nie mówiłem, co robię w piwnicy. 860
Chyba ucieknę i karę odłożę
choć o dzień jeden.

Do widzów

Lecz wy w tajemnicy
1085 rzecz zachowajcie, nikt wiedzieć nie może.

*Kieruje się w stronę forum, na prawo,
gdzie drogę zastępuje mu Wygibas.*

WYGIBAS

Hej, a ty dokąd?

NAPIWEK

Wysłano z posługą.
Za chwilę wrócę.

WYGIBAS

W czyjej idziesz sprawie?

NAPIWEK

Mam dla Bankietki...

WYGIBAS

Idź, lecz nie siedź długo.

NAPIWEK

A ja cię proszę, zanim tu się stawię,
1090 byś przyjął porcję należnej mi kary.

Napiwek ucieka w stronę forum, na prawo.

WYGIBAS
do siebie

Szybko odgadłem, jaki plan skreśliła:
kiedy śpi Cienias pijany bez miary,
jego podstróża także wyprawiła,
by z Żegloklesem mogli pobyć sami.

*Spostrzega, że od strony forum nadchodzą Podejmus z Kulminią,
za nimi podąża Szkapinia.*

1095 Idzie Podejmus! I znalazł heterę;
tak, jak kazałem. Bogowie są z nami.
Jakie ma kształty, jaką twarz i cerę,
w jakich dostojnych i gustownych szatkach –
jak niehetera. Idzie nam jak z płatka!

Scena 3

Wygibas staje z boku sceny, niewidoczny dla nadchodzącego od strony forum Podejmusa, który prowadzi Kulminię i Szkapinię. (Szkapinia w tej scenie jest osobą niemą).

PODEJMUS

do kobiet

1100 Przedstawiłem wam w domu szczegóły tej roli,
mówmy więc o czymś innym.

Zwracając się Kulminii

No chyba, że wolisz,
bym jeszcze raz powtórzył, jeśli nie pamiętasz.

KULMINIA

Myślisz, że jestem głupia lub nierozgarnięta?
Gdybym nie była sprytna, podstępów nie znała,
1105 to czy poszłabym na to, czy bym obiecała,
że zagram cudzą rolę?

PODEJMUS

Lecz widzisz, w tej mierze
nie zaszkodzi przypomnieć.

KULMINIA

Przypomnieć? Heterze?
W takim, jak mój, zawodzie – rzecz to wszystkim znana –
nie potrzeba napomnień. Czy to nie ja sama,
1110 gdy tylko jedno słówko wsączyłeś do ucha,
powiedziałam, jak można podejść tego zucha?

PODEJMUS

Nikt nie jest doskonały. Widziałem już wielu,
co bezradnie błądzili, zamiast iść do celu.

KULMINIA

Jeśli kobieta działa w jakiejś chytrej sprawie,
1115 ma pamięć długą, wieczną, nieśmiertelną prawie;
lecz gdy o coś prawego, dobrego się stara,
nie przypomina sobie, traci pamięć zaraz.

PODEJMUS
Tego właśnie się boję, że pamięć stracicie,
kiedy w tej samej sprawie i godnie, i skrycie
1120 trzeba wam będzie działać. Bo co żołnierzowi
wielką stratę przyniesie, dla mnie zysk stanowi.

KULMINIA
Nie martw się, tu rzecz dobrą zrobimy niechcący.

PODEJMUS
O wy, kobiety, warte tortur wręcz tysiącznych. 895

KULMINIA
No wiesz, są jeszcze gorsze.

PODEJMUS
    Wam też się należy.

Spostrzegając stojącego z boku Wygibasa

1125 Chodźmy do Wygibasa, co tam zęby szczerzy.

Podchodzą do Wygibasa.

WYGIBAS
do Podejmusa

Cieszę się, że cię widzę zdobnego w dziewczyny.

PODEJMUS
I mnie miło cię widzieć, bo to z twej przyczyny
i z twojego rozkazu przywiodłem je obie.

WYGIBAS
Widać, że się nadajesz!

Do Kulminii

    Wygibas śle tobie, 900
1130 Kulminio, pozdrowienia.

KULMINIA
    Któż z takim respektem
wita mnie jak znajomą?

PODEJMUS

wskazując Wygibasa

On jest architektem.

KULMINIA

Więc witaj, architekcie.

WYGIBAS

do Kulminii, wskazując Szkapinię

Czy ty oraz ona
ciężar sprawy czujecie?

PODEJMUS

Każda objuczona
moimi wskazówkami.

WYGIBAS

Bardzom jest ciekawy,
jak chcą tę rzecz załatwić, by nie pokpić sprawy.

PODEJMUS

Od siebie nic nowego do rad nie dodałem.

KULMINIA

Chcesz wykiwać żołnierza? Przedsięwzięcie całe
wykonać zręcznie, gładko i mądrze do tego?

WYGIBAS

Chcę, żebyś udawała tu żonę starego.

KULMINIA

Jak zechcesz, tak się stanie.

WYGIBAS

I sprawiaj wrażenie,
że kochasz się w żołnierzu.

KULMINIA

Masz me przyrzeczenie.

WYGIBAS
Zrób tak, żeby był pewien, że te twoje wdzięki
będzie miał z twej służącej i mojej poręki.

KULMINIA
Byłbyś dobrym wróżbiarzem, bo wiesz, co się stanie.

WYGIBAS
wskazując na pierścionek na swojej ręce

Och, wiem, że ten pierścionek przekażą mi panie,
że dam go żołnierzowi jako dar dziewczyny.

KULMINIA
Tak będzie.

PODEJMUS
Lecz ja ciągle nie widzę przyczyny,
dla której je pouczasz.

KULMINIA
Skorzystamy wiele,
bo gdy dobry architekt raz ustawi szkielet,
łatwiej okręt zbudować. Gdy dobra podstawa,
a nasz okręt ma taką, runąć nie ma prawa.
Architekci i cieśle są tu doświadczeni,
więc jeśli nasz kloc drewna planów nam nie zmieni,
znając nasze talenty, okręt szybko stanie.

WYGIBAS
A czy ty znasz żołnierza?

KULMINIA
Co to za pytanie?
Jakże miałabym nie znać tego kobieciarza
skąpanego w perfumach, co ciągle powtarza
opowieści o sobie i który na głowie
ma trwałą ondulację.

WYGIBAS
W takim razie powiedz,
czy może on zna ciebie?

KULMINIA

Nie, nie zna mnie wcale,
bo nigdy mnie nie widział.

WYGIBAS

A, to doskonale.

KULMINIA

Nie martw się więcej o nic, tylko go przyprowadź.
Jeśli go nie oszukam, będę pokutować.

WYGIBAS

No dobrze, lecz bądź mądra.

Do Podejmusa

Wprowadź je do środka,
a ja biegnę na forum, by żołnierza spotkać.
Dam mu pierścień i powiem, że to twoja żona
dała mi go dla niego, bo z miłości kona.
A gdy z forum wrócimy, niby potajemnie
przyślij

wskazując Szkapinię

dziewczynę do nas.

PODEJMUS

Chcesz rady ode mnie?
Już więcej o tym nie myśl.

WYGIBAS

Lecz wy myślcie, proszę.
Ja mu do łba nałożę i tu przytarmoszę.

Wygibas kieruje się ku forum, na prawo.

PODEJMUS

wołając za nim

Więc pomyślnej przechadzki oraz pomyślnego
załatwienia tej sprawy.

Do Kulminii
Jeśli coś dobrego
wyjdzie nam z naszych planów i mój gość zabierze
1175 dziś do Aten dziewczynę, to ci powiem szczerze –
zażądaj, czego zechcesz.

KULMINIA
A czy nam pomoże 940
także tamta dziewczyna?

PODEJMUS
Ile tylko może,
będzie nam rzecz ułatwiać.

KULMINIA
Wierzę, że się uda.
Nasz talent do oszustwa zdziała tutaj cuda
1180 i wcale się nie boję, że nas klęska czeka
w tej podstępnej intrydze.

PODEJMUS
Nie wolno nam zwlekać.
Musimy rzecz przećwiczyć, ażeby dokładnie
wiedzieć co, gdzie i kiedy robić nam wypadnie, 945
żeby nie wzbudzić żadnych podejrzeń żołnierza.

KULMINIA
1185 Czy długo jeszcze tutaj tak gadać zamierzasz?

Wszyscy wchodzą do domu Podejmusa.

Akt IV

Scena 1

Basztoburz i Wygibas wracają z forum, z prawej strony.

BASZTOBURZ

Wszystko zgodnie z mym planem! Czyż to nie jest miłe?
Zwerbowanych żołdaków właśnie wyprawiłem
do króla Seleukosa; pasożyt ich wiedzie.
Król będzie miał ochronę, ja chwilkę dla siebie. 950

WYGIBAS

Nie troszcz się o Seleuka, lecz o siebie, proszę,
i rozważ propozycję, jaką ci przynoszę.

BASZTOBURZ

Wszystko na bok odkładam.

Rozglądając się

Jesteśmy tu sami –
mów! Udzielam ci władzy nad mymi uszami!

WYGIBAS

Zobacz, czy jakiś ptasznik słów nie chwyta w locie, 955
bo nikt tego, co powiem, nie powinien dociec.

BASZTOBURZ
rozglądając się

Nikogo tutaj nie ma.

WYGIBAS
zdejmując z palca pierścień i przekazując Basztoburzowi

Wpierw uczuć oznaka.

BASZTOBURZ

Skąd go masz?

WYGIBAS

To dla ciebie dała jedna taka,

co cię kocha i pragnie piękna twego ciała.
Ten pierścień mi dla ciebie przez służkę przysłała. 960

BASZTOBURZ
1200 Kimże jest? Niewolnicą, czy też z mocy prawa
została wyzwolona?

WYGIBAS
Miałbym cię namawiać
do jakiejś wyzwolonej? I to ciebie? Boże!
Przecież ty się od wolnych opędzić nie możesz!

BASZTOBURZ
Mężatka czy też wdowa?

WYGIBAS
Mężatka i wdowa. 965

BASZTOBURZ
1205 To chyba niemożliwe.

WYGIBAS
Ta, o której mowa,
choć lat niewiele miała, wyszła za starucha.

BASZTOBURZ
To świetnie!

WYGIBAS
Zgrabna... ładna...

BASZTOBURZ
Kłamstw nie lubię słuchać!

WYGIBAS
Godna twojej urody.

BASZTOBURZ
Jeśli tak powiadasz,
musi być piękna. Kto to?

WYGIBAS
To żona sąsiada.
Przez ciebie wprost umiera. Chce rzucić starego.
Poleciła mi prosić, abyś ją do tego
w jakiś sposób zachęcił.

BASZTOBURZ
Gdy chce, mogę pomóc.

WYGIBAS
Chce! Chce!

BASZTOBURZ
A co zrobimy z tą, co mamy w domu?!

WYGIBAS
Każ jej – niech cię porzuci i idzie, gdzie zechce;
zwłaszcza że jej bliźniaczka wraz z matką jest w mieście
i obie chcą ją zabrać.

BASZTOBURZ
Matka przyjechała?
Do Efezu?

WYGIBAS
Tak mówią.

BASZTOBURZ
Okazja wspaniała,
by się pozbyć dziewczyny.

WYGIBAS
Chcesz to zrobić zręcznie?

BASZTOBURZ
Powiedz, jakie masz plany.

WYGIBAS
Chcesz sprawić, że zmięknie
i natychmiast odejdzie przez wdzięczność dla ciebie?

BASZTOBURZ

Tak.

WYGIBAS

To zaraz wyjaśnię, co masz jej powiedzieć. 980
Bogactw ci nie brakuje, niech więc bierze złoto,
klejnoty i ozdoby, coś jej dawał dotąd.
Niech je weźmie i idzie.

BASZTOBURZ

No, a co się stanie,
1225 jeśli tamtą odprawię, a ta zmieni zdanie?!

WYGIBAS

Przecież ona cię kocha jak własne źrenice.

BASZTOBURZ

Sama Wenus mnie kocha.

Otwierają się drzwi domu Podejmusa. Na ulicę wychodzi Szkapinia.

WYGIBAS

Cicho! Na ulicę 985
ktoś tu chyba wychodzi. Schowaj się przy ścianie.
Ten zwierz, co galopuje, to tamtej posłaniec.

BASZTOBURZ

1230 O jakim zwierzu mówisz?

WYGIBAS

Służąca nadchodzi,
co przyniosła ten pierścień, który ciebie zdobi.

BASZTOBURZ

Na Polluksa, śliczniutka!

WYGIBAS

Przy tamtej to krowa!
Patrz, jak strzela oczyma i chce złowić słowa. 990

Scena 2

Wygibas i Basztoburz chowają się przy domu żołnierza. Szkapinia zbliża się od strony domu Podejmusa, z lewej strony, i początkowo udaje, że ich nie widzi.

SZKAPINIA
do siebie, cicho

To tu mam cyrk odstawić. Będę udawała,
1235 że nie wiem o nich tutaj, że ich nie widziałam.

BASZTOBURZ
do Wygibasa, cicho

Cicho! Trzeba podsłuchać. Zaraz o mnie powie.

SZKAPINIA
do siebie, głośno

Czy tutaj się nie kręci taki jeden człowiek,
który chce wiedzieć zawsze, co ktoś inny robi,
i podsłuchując wszystkich, na obiad zarobi? 995
1240 Takich ludzi się boję, by nie przeszkodzili
naszym misternym planom i nie wyszli w chwili,
gdy się tutaj pojawi ma pani, co cierpi
z miłości do żołnierza. Prawie bliska śmierci,
tak pragnie i pożąda przecudnego ciała.
1245 Za jego wdzięk, urodę wszystko by oddała.

BASZTOBURZ
do Wygibasa, cicho

Z miłości do mnie ginie... Wdzięk chwali do tego... 1000
Nie, jej nie trzeba mydła.

WYGIBAS
Mydła? A dlaczego?

BASZTOBURZ
Czystą prawdę powiada, więc są czyste słowa.

WYGIBAS
Jasne! O żadnych brudach, wszak o tobie mowa.

BASZTOBURZ
przyglądając się Szkapinii

1250 Lecz i ta nie jest brzydka, wydaje się słodka.
Oj, coś mnie, Wygibasie, rozbiera od środka.

WYGIBAS
Bo tamtej nie widziałeś!

BASZTOBURZ
     Lecz gdy tamtej nie ma,   1005
to ciągnie mnie do zwierza!

Wskazuje Szkapinię.

WYGIBAS
     Lecz nie możesz z dwiema!
Tej ci kochać nie wolno! To... ma narzeczona!
1255 Gdy ty tamtą poślubisz, wtedy także ona
zgodzi się być mą żoną.

BASZTOBURZ
     Idź jej radość sprawić.
Rozmów się z nią.

WYGIBAS
Chodź ze mną.

BASZTOBURZ
     Miałbym cię zostawić?!

SZKAPINIA
udając, że nie widzi wychodzących z ukrycia

Oby mi się udało spotkać tego pana,   1010
dla którego tu przyszłam.

WYGIBAS

do Szkapinii

Będziesz wysłuchana.
1260 Pewien człowiek wie dobrze, gdzie odnaleźć można
tego, którego szukasz.

SZKAPINIA

Jestem nieostrożna.
Ktoś ty?

WYGIBAS

Wspólnik twych planów.

SZKAPINIA

Więc się tobie zwierzę,
choć nie lubię się zwierzać.

WYGIBAS

Ostrożnie w tej mierze –
zwierzaj się i nie zwierzaj.

SZKAPINIA

Nie rozumiem, chyba.

WYGIBAS

1265 Niech obcy nic nie wiedzą, lecz niech wie Wygibas.

SZKAPINIA

Dobrze, lecz podaj hasło, bym cię rozpoznała.

WYGIBAS

Taka jedna kobieta kogoś pokochała...

SZKAPINIA

To częste, na Kastora. Takich jest bez miary.

WYGIBAS

Lecz nie wszystkie od razu ślą z paluszka dary.

SZKAPINIA

1270 Już rozumiem! Sam jesteś?

WYGIBAS
Za mną żołnierz kroczy.

SZKAPINIA
głośno, tak aby słyszał żołnierz

Mogę z tobą rozmawiać tylko w cztery oczy.

WYGIBAS
A czy to długo potrwa?

SZKAPINIA
Tylko na dwa słowa.

WYGIBAS
odwraca się do Basztoburza i odprowadza go nieco na stronę

Zaraz wrócę.

BASZTOBURZ
Co ze mną? Ma się tu zmarnować
taka sława i piękno?!

WYGIBAS
Dobrze jest znać miarę.
Sam wiesz, jak delikatnie trzeba z tym towarem.

BASZTOBURZ
Już dobrze. Będę cierpiał, pomny twej przestrogi.

WYGIBAS
Zaraz wrócę.

Zostawia żołnierza i oddalając się, mówi do siebie

Jest głupszy niż but z lewej nogi.

Podchodząc do Szkapinii

Już jestem. O co chodzi?

SZKAPINIA
wskazując na żołnierza

Jak zdobyć tę Troję?

WYGIBAS
Mów, że z miłości ginie...

SZKAPINIA
Chyba plany twoje
1280 dobrze już zrozumiałam.

WYGIBAS
Chwal urodę, czyny...
Podążaj za mym słowem i nie spłosz zwierzyny.

BASZTOBURZ
Czy ktoś o mnie pamięta? To już wieczność cała!

WYGIBAS
wraca do żołnierza i rozmawiają na stronie

Już jestem. O co chodzi?

BASZTOBURZ
Co ci powiedziała?

WYGIBAS
Że jej pani cierpi, że z miłości kona,
1285 bo brakuje jej ciebie, więc przysłała do nas
tę dziewczynę.

BASZTOBURZ
Każ podejść.

WYGIBAS
Chyba wiesz, co robić?
Okaż przesyt, znudzenie, że cię nie obchodzi...
Jakbyś ochoty nie miał... Nakrzycz na mnie, niech tam,
o to, że cię powszechnie wszystkim upowszechniam.

BASZTOBURZ
1290 Zapamiętam.

WYGIBAS
Mam wołać? Ona ciebie szuka.

BASZTOBURZ
głośno

Jeśli ma jakąś sprawę, niech podejdzie tutaj.

WYGIBAS

Jeśli masz jakąś sprawę, podejdź! Załatwione.

SZKAPINIA
do żołnierza

Bądź pozdrowiony „Piękny".

BASZTOBURZ

Więc zna mój przydomek.
Niech ci bogowie dadzą, o co tylko prosisz.

SZKAPINIA

1295 Życie spędzić przy tobie.

BASZTOBURZ

O zbyt wiele prosisz.

SZKAPINIA

Nie mówię tu o sobie, lecz o mojej pani,
która przez ciebie umrze.

BASZTOBURZ

O, to wszystko na nic – 1040
wiele już takich było.

SZKAPINIA

Wcale się nie dziwię,
że wysoko się cenisz, boś piękny prawdziwie.
1300 Figura... męstwo... czyny... – to twoja ozdoba.
Który człowiek się bardziej nadaje na boga?!

WYGIBAS

On już nie jest człowiekiem. Nie! Na Herkulesa!

Do siebie

Sęp więcej człowieczeństwa by z siebie wykrzesał.

BASZTOBURZ
do siebie

Aż mnie duma rozpiera, kiedy mnie tak chwali.

WYGIBAS
do Szkapinii na stronie

Widziałaś, jak się puszy?!

Do żołnierza

Będziemy tak stali,
czy może jej odpowiesz? Ta od tej przychodzi,
o której ci mówiłem.

BASZTOBURZ
Lecz o którą chodzi?
Tyle kobiet codziennie koło mnie się pęta,
że nie wiem, o kim mówisz. Wprost trudno spamiętać.

SZKAPINIA
Jestem wysłana od tej, która palce swoje
ogałaca z klejnotów, by ozdobić twoje.
Od niej pochodzi pierścień.

BASZTOBURZ
Czego pragniesz zatem?

SZKAPINIA
Byś nie wzgardził kobietą, której całym światem
jesteś tylko ty jeden. Jedno twoje słowo
może rozwiać nadzieję lub obudzić nową.

BASZTOBURZ
A czego ona pragnie?

SZKAPINIA
Ona? Porozmawiać...
pogłaskać... pocałować... Nie możesz odmawiać.
Jeśli byś się sprzeciwił, to wyzionie ducha.
Proszę cię, Achillesie, musisz mnie wysłuchać:
uratuj ją od śmierci, bo jej serce pęknie.

Dziewczyna bardzo piękna, więc zrobisz to pięknie.
Okaż swoją wspaniałość, proszę cię gorąco,
ty, Wielki Miast Zdobywco i Królów Pogromco.

BASZTOBURZ

Nie! To wprost obrzydliwe!

Do Wygibasa

Łajdaku przeklęty,
mało razy mówiłem, żebyś moje względy
nie wszystkim oferował.

WYGIBAS
do Szkapinii

Słyszałaś, kobieto?
Musisz jemu zapłacić, bo jeżeli nie, to
ogier nie da nasienia pierwszej lepszej klaczy.

SZKAPINIA

Dostanie, ile zechce.

WYGIBAS

Zaraz! Bo to znaczy,
że masz dać talent w złocie. I wierz mi, tak samo
płacą wszyscy. Lub więcej.

SZKAPINIA

Ach, to bardzo tanio.

BASZTOBURZ

Bo nie jestem zachłanny. Cóż, bogactw mam krocie –
mam ponad tysiąc korców monet w czystym złocie.

WYGIBAS

Że nie wspomnę o skarbach: srebra lite skały,
ba, góry! – przy nich Etna, to pagórek mały.

SZKAPINIA
na stronie do Wygibasa

Na Kastora, to kłamczuch!

WYGIBAS
na stronie do Szkapinii

I jak gram swą rolę?

SZKAPINIA
A ja? Czy dobrze schlebiam?

WYGIBAS
Świetnie.

SZKAPINIA
Jednak wolę,
żebyś mnie już odesłał.

WYGIBAS
do żołnierza, głośno

Zdecyduj się przecież:
uczynisz czy odmówisz tej łaski kobiecie.

SZKAPINIA
1340 Nie łam jej serca. Ona... niewinna zupełnie.

BASZTOBURZ
Każ, niech tu przyjdzie do nas. Każdą prośbę spełnię. 1070

SZKAPINIA
Wiedziałam! Nie w twym stylu byłaby odmowa.
I ty także jej pragniesz...

WYGIBAS
na stronie, o Szkapinii

Widzę, że to głowa
nie tylko od parady.

SZKAPINIA
kończąc poprzedni wywód

...i mną nie pogardzasz –
1345 wysłuchałeś mej prośby.

Na stronie do Wygibasa
Jak mi idzie farsa?

WYGIBAS
na stronie do Szkapinii

Pęknę ze śmiechu.

SZKAPINIA
na stronie

Przestań!
Odwraca się tyłem do Wygibasa
...wszystko pójdzie na nic.

BASZTOBURZ
do Szkapinii

Czy ty wiesz, jaki zaszczyt robię twojej pani? 1075

SZKAPINIA
Wiem i jej też powtórzę.

WYGIBAS
          Bo przecież za złoto
mógłby innej wyświadczyć. Chodzi przecież o to,
1350 że kiedy on zaszczyca, rodzi się wódz, który
dożywa lat ośmiuset.

SZKAPINIA
Nie, to chyba bzdury!

BASZTOBURZ
Ależ skąd! A niekiedy i tysiąc przekroczy.

WYGIBAS
do żołnierza

Bałem się, że pomyśli, iż ją w żywe oczy 1080
chcę oszukać, dlatego lat odjąłem trochę.

SZKAPINIA

na stronie

1355 Chyba pęknę ze śmiechu!

Głośno

A powiedz mi, proszę:
gdy syn tak długowieczny, ile lat pisano
ojcu, który go spłodził?

BASZTOBURZ

Zrodziłem się rano,
nazajutrz po Jowiszu.

WYGIBAS

do Szkapinii

Gdyby nie spóźnienie,
to właśnie on, nie Jowisz, miałby całą ziemię
1360 i niebo we władaniu.

SZKAPINIA

na stronie do Wygibasa

Póki jestem cała,
pozwól mi, proszę, odejść.

WYGIBAS

głośno

Odpowiedź dostałaś,
na co więc jeszcze czekasz?

SZKAPINIA

Idę. Pani powiem, 1085
by zaraz tutaj przyszła.

Do żołnierza

Bądź zdrów!

BASZTOBURZ

                    Co tam zdrowie!
Życz mi, bym nie był piękny, bo to są kłopoty,
1365 z którymi się borykam.

WYGIBAS

do Szkapinii

                    Czy nie masz ochoty
udać się do swej pani?

SZKAPINIA

Idę.

WYGIBAS

                    Czekaj! Zaraz!
Porusz do głębi serce. Chyba się postarasz?!

Na stronie

Jeśli jest tam Bankietka, niech wróci do domu.

SZKAPINIA

na stronie

Jest razem z moją panią. Przecież po kryjomu
1370 podsłuchują rozmowę.

WYGIBAS

                    Ja w tym korzyść widzę:
łatwiej pójdzie intryga.

SZKAPINIA

głośno

Nie zatrzymuj, idę.

WYGIBAS

To idź! Czy ja zabraniam, czy cię trzymam może?

Szkapinia odchodzi.

BASZTOBURZ
wołając za nią

Powiedz jej, że do sprawy dobrze się przyłożę.

Szkapinia wchodzi do domu Podejmusa, po lewej stronie.

Scena 3

BASZTOBURZ

Wygibasie, ratuj sługo!

WYGIBAS

1375 Jakiś problem?

BASZTOBURZ
wskazując na swój dom

Konkubina.
Bo nie mogę zacząć z drugą, 1095
gdy tę jeszcze w domu trzymam.

WYGIBAS

Znowu nie wiesz? Już mówiłem,
co masz zrobić, by z ochotą
1380 poszła sobie. Nic na siłę!
Wszystkie suknie oraz złoto,
co jej dałeś, niech zabierze. 1100
Mów, że siostra jej i matka
tu przybyły, i radź szczerze,
1385 że to jest sposobność rzadka
razem z nimi stąd odpłynąć.

BASZTOBURZ

Skąd wiesz o nich?

WYGIBAS

Bo jej siostrę
tu widziałem.

BASZTOBURZ

Z mą dziewczyną? 1105

Wygibas
Z twą dziewczyną! Chyba proste?!

Basztoburz
1390 A czy kształty miała ładne?

Wygibas
Ty to nie przepuścisz żadnej.

Basztoburz
Gdzie jej matka? Powiedziała?

Wygibas
Jest na statku, leży chora,
strasznie zapuchnięta cała –
1395 tak kapitan mówił wczoraj,
ten, co przywiózł je tu z Aten
i co mieszka u sąsiada. 1110

Basztoburz
Może on przystojny zatem
i do czegoś mi się nada?

Wygibas
1400 Dużo w sobie masz z ogiera,
który ciągle szuka klaczy.
Nie ta płeć? To nie dociera,
bo ten drobiazg nic nie znaczy.
Lecz do rzeczy.

Basztoburz
Twoja rada
1405 była dobra, ale wolę, 1115
żebyś raczej ty z nią gadał
i oznajmił jej mą wolę.
I rozmowa będzie miła.

Wygibas
Idź ty! Bo to twoja sprawa
1410 i kochanką twoją była.
Mów, że każdy cię namawia:

brat, przyjaciel, sąsiad, krewny,
żebyś wreszcie pojął żonę.

BASZTOBURZ

I uwierzy?

WYGIBAS

Jestem pewny.

BASZTOBURZ

1415 No, to idę! Załatwione.
Ale ty tu trzymaj straże
i zawołaj zaraz śmiało,
kiedy tamta się pokaże.

WYGIBAS

Życzę, by ci się udało.

BASZTOBURZ

1420 Ta rzecz jest już załatwiona:
gdy nie zechce, siłą przegnam!

WYGIBAS

Lepiej będzie, jeśli ona
sama grzecznie się pożegna
i wyniesie. Daj jej złoto
1425 i klejnoty daj w ofierze,
wszystko, co kupiłeś dotąd,
niech na okręt z sobą bierze.

BASZTOBURZ

Tak też zrobię!

WYGIBAS

Jestem zdania,
że to łatwe jest prawdziwie.
1430 Wejdź do środka, dość już stania.

BASZTOBURZ

Ja się tobie nie sprzeciwię.

Wchodzi do środka, do domu po prawej stronie.

> WYGIBAS
> *do widzów*

Czy choć trochę jest przesady
w tym, co wcześniej wam mówiłem,
że jest z niego pies na baby?!
Teraz to by było miłe
mieć przy sobie tę Kulminię,
służkę jej i Żegloklesa.

> *Spostrzegając wychodzących z domu po lewej*

Traf szczęśliwy mnie nie minie,
na wielkiego Herkulesa!
Cała trójka od sąsiada
wprost w ramiona moje wpada.

Scena 4

Z domu Podejmusa, po lewej, wychodzi Kulminia, Szkapinia i Żegloklej.

> KULMINIA
> *do Szkapinii*

Rozejrzyj się dokoła, czy nikt nas nie słucha.

> SZKAPINIA

Nie widzę tu nikogo, oprócz tego zucha,
którego chcemy spotkać.

> WYGIBAS
> *podchodząc do nich*

        I ja czekam na was.

> SZKAPINIA

Co słychać, architekcie?

> WYGIBAS

        O, ja nie mam prawa
do takiego tytułu.

SZKAPINIA

Dlaczego?

WYGIBAS

Dlaczego?
Bo w porównaniu z tobą jestem do niczego –
niegodny wbicia kołka w naszych intryg ścianę.

Do Kulminii, wskazując Szkapinię

Za to jej sztuczki były nader przemyślane.
Wpierw go zamurowała, potem na zdobyczy
wzniosła siatkę rusztowań.

SZKAPINIA

Nie, to się nie liczy!

WYGIBAS

Och, nie bądź taka skromna! Lecz teraz uwaga:
żołnierz poszedł do domu i z dziewczyną gada,
przekonuje, by z siostrą oraz swoją matką
udała się do Aten!

ŻEGLOKLES

Widzę, poszło gładko!

WYGIBAS

By się łatwiej jej pozbyć, jeszcze mu radziłem,
by dał dziewczynie wszystko, co jej było miłe:
klejnoty oraz złoto...

ŻEGLOKLES

O, to nic trudnego,
jeśli ona chce odejść i on pragnie tego.

WYGIBAS

Gdy wychodzisz ze studni i jesteś u szczytu,
wszystko może się zdarzyć – wtedy trzeba sprytu,
abyś nie spadł z powrotem. A my w naszym planie
krawędź studni widzimy. Czy wiesz, co się stanie,
jeśli żołnierz coś zwęszy? Wszystko w gruzach runie.

ŻEGLOKLES

To znów odbudujemy. Jest nas szóstka w sumie:

trzy kobiety, ty czwarty, ja piąty i
> *wskazując na dom Podejmusa*
>> stary.

WYGIBAS
Tyle znamy podstępów, że nie tracę wiary.
Nasz spryt zdobędzie każdą fortecę od razu.
Trzeba tylko się starać.

KULMINIA
Czekamy rozkazu.

WYGIBAS
> *wskazując dom żołnierza, po prawej*

1470 Tę prowincję przydzielam tobie we władanie!

KULMINIA
Imperatorze, wszystko, jak chcesz, tak się stanie,
jeśli tylko w mej mocy...

WYGIBAS
>> Chcę, byś poigrała
sprytnie z naszym żołnierzem.

KULMINIA
>>> Rozkosz to niemała
otrzymać taki rozkaz.

WYGIBAS
> Lecz jak go wykonasz?

KULMINIA
1475 Udam, że jestem wielką miłością trawiona,
że bez niego żyć nie chcę i właśnie dlatego
zrywam dawne małżeństwo, aby wyjść za niego.

WYGIBAS
Wszystko dobrze, lecz jeszcze zrób małą uwagę,
że ten dom, w którym mieszkasz, jest twoim posagiem,
1480 więc stary po rozwodzie zabrał rzeczy wszystkie
i wyniósł się od ciebie. Powiedz to z naciskiem,

aby żołnierz się nie bał, że przekracza progi
męża, któremu tutaj chce przyprawić rogi.

KULMINIA

Będę o tym pamiętać.

WYGIBAS

A gdy go zobaczysz,
daj mu odczuć, że przy nim sama nic nie znaczysz,
że twa uroda niczym, że jego jest znana
i na równi z potęgą rzuca na kolana.
Podziwiaj jego urok, figurę i wdzięki.
Czy wystarczy wskazówek?

KULMINIA

Chyba starczy, dzięki!
Nie będziesz mógł narzekać – piaskiem sypnę w oczy.

WYGIBAS

do Żegloklesa

Teraz rozkaz dla ciebie. Za chwilę tu wkroczysz
w kostiumie kapitana, co statkiem dowodzi:
wdziej kapelusz; przepaska

zakrywając lewe oko

tak ci ma zachodzić;
pelerynę – powinna być ciemnozielona,
bo to jest kolor morza – zarzuć na ramiona
tak, by spiąć ją na lewym, drugie miej odkryte;

wykonując gest zapinania paska w talii

zwiąż się. Musisz wyglądać, jakbyś całe życie
tylko na statku pływał. Wszystkie rekwizyty
możesz wziąć od starego,

pokazując na dom Podejmusa

jego niewolnicy
trudnią się rybołówstwem.

ŻEGLOKLES

A gdy się wystroję?

Wygibas

Wtedy przyjdź do Bankietki i te słowa moje
przekaż jej, jakby matka jej własna przesłała,
że jeśliby do Aten znowu wrócić chciała,
ma iść z tobą do portu szybko i niech każe
wnieść natychmiast na okręt wszystkie swe bagaże.
Jeśli jednak nie pójdzie, mów, że czas odbijać,
bo nie wiesz, kiedy znowu wiatry będą sprzyjać.

Żeglokles

Taka wizja wydarzeń jest mi bardzo miła.

Wygibas

Żołnierz będzie przynaglał, by się pośpieszyła –
że już musi iść szybko, bo jej matka czeka.

Żeglokles

Ja nie znam mądrzejszego od ciebie człowieka.

Wygibas

Powiem jej, niech się wstawi za mną do żołnierza,
bym poszedł z nią do portu i to, co zamierza
zabrać ze sobą w drogę, dostarczył na statek –
a wtedy razem z wami popłynę do Aten.

Żeglokles

Kiedy przyjdziesz do portu, to ja nie pozwolę,
byś został niewolnikiem, zaraz cię wyzwolę.

Wygibas

Więc idź się szybko przebrać.

Żeglokles

Już idę.

Wchodzi do domu Podejmusa.

Wygibas

do kobiet

A teraz
wy także stąd znikajcie. No, już się zabierać,
bo żołnierz zaraz wyjdzie.

KULMINIA
Święte twe rozkazy.

Idą ku drzwiom Podejmusa.

WYGIBAS
Szybciej, bo drzwi otworzył.

Do siebie, widząc Basztoburza

Widzę, swoje sprawy
pewnie dobrze załatwił. Wesoły – to znaczy,
że nasze biedaczysko już połknęło haczyk.

Scena 5

Basztoburz wychodzi ze swego domu.

BASZTOBURZ
To, co chciałem i jak chciałem, 1200
1525 ładnie, grzecznie załatwiłem:
przyjacielsko się rozstałem,
nie zrobiłem nic na siłę.

WYGIBAS
Ja odniosłem zaś wrażenie,
że bawiłeś w domu długo.

BASZTOBURZ
1530 Bo mnie kocha wprost szalenie.
Gdzie ja znajdę taką drugą?

WYGIBAS
Aż tak ciężko?

BASZTOBURZ
Jeszcze gorzej!
Wielu słów musiałem użyć,
taki ciężki to był orzech,
1535 lecz skłoniłem do podróży.
Dałem wszystko, czego chciała; 1205

w końcu... ciebie też dostała.

Wygibas
Mnie oddałeś? Chciałbym wiedzieć,
jak mam teraz żyć bez ciebie!

Basztoburz
1540 Próbowałem ją przekonać,
by bez ciebie poszła sobie.
Namawiałem, ale ona
się uparła. Nic nie zrobię.

Wygibas
Tylko w tobie mam nadzieję,
1545 no i w bogach. Oszaleję!
Co mam robić? W twej osobie
tracę najlepszego pana.
To pogrąża mnie w żałobie,
lecz i radość w bólu dana:
1550 dzięki mnie ci pójdzie gładko –
weźmiesz górę nad sąsiadką;
chociaż mała ma zasługa,
bardziej piękność twoja działa.

Basztoburz
Brak mi słów, co to za sługa!
1555 Gdy się uda sprawa cała,
dam ci wolność i pieniądze.

Wygibas
Zaspokoisz swoje żądze.

Basztoburz
Aż się palę!

Wygibas
Ze spokojem!
Nie daj poznać, co cię trawi!

Słychać skrzypienie drzwi w domu Podejmusa.

1560 Ona drzwi otwiera swoje,
zaraz się przed nami stawi.

Scena 6

*Basztoburz i Wygibas stoją po prawej stronie sceny, w głębi,
przy ścianie domu żołnierza. Szkapinia i Kulminia wychodzą
z domu Podejmusa, z lewej, i stają na przedzie sceny.
Na początku rozmawiają ze sobą cicho, na stronie;
później mówią tak, aby wszyscy je słyszeli; cały czas udają jednak,
że nie widzą mężczyzn. Basztoburz i Wygibas rozmawiają cicho
i kobiety ich nie słyszą.*

SZKAPINIA
do Kulminii, cicho

Oto, pani, nasz żołnierz.

KULMINIA
Gdzie jest?

SZKAPINIA
Stoi z boku.

KULMINIA

Muszę spojrzeć.

SZKAPINIA

Nie, lepiej nie kieruj tam wzroku,
niech nie wie, że go widzisz.

KULMINIA
Nie będziesz narzekać.

SZKAPINIA
1565 Więc zabierz się do sprawy, nie powinnaś zwlekać!

KULMINIA
głośno – tak, by słyszał Basztoburz

Przyjął cię osobiście? On sam? Nie uwierzę!
Do Szkapinii, cicho
Nie szczędź głosu, niech słyszy.

SZKAPINIA
głośno

Ależ mówię szczerze: 1220
z nim samym rozmawiałam, długo, ze spokojem.

BASZTOBURZ
do Wygibasa, cicho

Słyszałeś?

WYGIBAS
Tak, słyszałem.

Udając podziw

Spojrzy w oczy twoje
1570 i od razu wesoła.

KULMINIA
głośno

Musisz być szczęśliwa!

BASZTOBURZ
do Wygibasa, cicho

Chyba jestem kochany.

WYGIBAS
Czy ci na czymś zbywa?
Ty sobie zasłużyłeś.

KULMINIA
do Szkapinii, głośno

A że ci nie bronił
podejść i porozmawiać?! Bo to mówią o nim, 1225
że dostęp jest jedynie przez list lub przez posła,
1575 zupełnie jak do króla.

SZKAPINIA
Ja do niego doszłam,
choć ledwie się udało.

WYGIBAS
do żołnierza, cicho

Kochają cię baby.

BASZTOBURZ
Skoro Wenus tak chciała, trudno, nie ma rady –
będę cierpiał.

KULMINIA
głośno

O Wenus, proszę cię i błagam,
niechaj ten, kogo pragnę, kto mym sercem włada,
będzie dla mnie łaskawy i niech mnie nie rani.

SZKAPINIA
Bądź spokojna, bo chociaż ugania się za nim
sporo kobiet, on jednak wszystkie inne spławi
oprócz ciebie jedynej.

KULMINIA
Ale strach mnie dławi,
co będzie, gdy mnie ujrzy. Czy nie cofnie słowa?
Wiem, że z moją urodą powinnam się schować
przy jego elegancji. Ceni się wysoko
i przy tym jest wybredny.

SZKAPINIA
Bądź spokojna o to.
On już zdania nie zmieni.

BASZTOBURZ
cicho

Nawet nie jest próżna.

KULMINIA
głośno

A jeśli ma uroda wcale nie dorówna
twoim barwnym opisom?

SZKAPINIA
Ale masz zmartwienia!
Wydasz mu się piękniejsza nawet niż w marzeniach.

KULMINIA
Gdy nie zechce się żenić, padnę na kolana.
Jeśli mnie nie wysłucha, wtedy sobie sama 1240
życie zaraz odbiorę. Nie chcę żyć bez niego!

BASZTOBURZ
cicho

1595 Muszę ją uratować. Idę!

WYGIBAS
przytrzymując żołnierza

O, nic z tego!
Tak nisko siebie cenisz? Tu trzeba powoli.
Niech przyjdzie, prosi, błaga... sama, z własnej woli.
A ty się nie narzucaj! Stracisz reputację 1245
i będziesz pospolity. Ty wiesz, że mam rację,
1600 bo nikt dotąd na świecie nie był tak wielbiony
jak ty. No, może jeszcze kochanek Safony.

KULMINIA
głośno

Idę do niego!

SZKAPINIA
Czekaj!

KULMINIA
Co mi da czekanie?!

SZKAPINIA
Ale drzwi są zamknięte.

KULMINIA
Nie szkodzi, wyłamię. 1250

SZKAPINIA

Ty chyba zwariowałaś.

KULMINIA

Jeśli poznał miłość,
1605 zgadnie, że mnie uczucie do tego skłoniło.
Wierzę, że jego mądrość dorówna piękności.

WYGIBAS
do żołnierza, cicho

Do szaleństwa cię kocha.

BASZTOBURZ

Nie bez wzajemności.

WYGIBAS

Ciszej, bo cię usłyszy!

SZKAPINIA
głośno

A więc, na co czekasz?
Zapukaj!

KULMINIA
*idzie ku drzwiom żołnierza, ale w dalszym ciągu udaje,
że go nie widzi; głośno*

Tu go nie ma.

SZKAPINIA

Skąd wiesz?

KULMINIA

Bo z daleka 1255
1610 poczułabym po woni, gdyby siedział w domu.

BASZTOBURZ
cicho

Przemawia jak natchniona, a Wenus nikomu

nie użycza swych darów, tylko zakochanym.

KULMINIA
głośno

Czuję, że bardzo blisko stoi gdzieś schowany,
bo woń rozsiewa wkoło.

BASZTOBURZ
do Wygibasa, cicho

Patrz, oczami swymi
1615 widzi gorzej niż nosem.

WYGIBAS
Miłość ślepym czyni.

KULMINIA
*rozglądając się i spostrzegając żołnierza,
zwraca się do Szkapinii, głośno*

Ratuj mnie, bo zemdleję.

SZKAPINIA
A cóż ci się stało? 1260

KULMINIA
Mdleję, bo z winy oczu tracę duszę całą.

SZKAPINIA
Zobaczyłaś żołnierza?! Bogom za to chwała.
Gdzie jest? Ja go nie widzę.

KULMINIA
Gdybyś go kochała,
1620 też byś mogła zobaczyć.

SZKAPINIA
Moja droga pani,
gdyby było mi wolno, pobiegłabym za nim
i kochała go bardziej, niż ty jesteś w stanie.

WYGIBAS
do żołnierza, cicho

Widzę, że w tobie wszystkie kochają się panie,
ledwie która cię dojrzy.

BASZTOBURZ

Będę z tobą szczery –
pewnie nic nie wiesz o tym: jam jest wnuk Wenery.

KULMINIA
do Szkapinii, głośno

Błagam, podejdź do niego!

BASZTOBURZ
cicho

Jaki respekt czuje!

WYGIBAS

Uważaj, idzie do nas!

*Kobiety podchodzą do żołnierza. Rozmawiają we trójkę:
Basztoburz, Wygibas i Szkapinia. Kulminia stoi milcząca.*

SZKAPINIA

Ja was poszukuję.

BASZTOBURZ

I my ciebie tak samo.

SZKAPINIA

Zgodnie z twym rozkazem
jest tu ma pani.

Wskazuje na Kulminię.

BASZTOBURZ

Widzę. Ja chyba tym razem
nie odmówię kobiecie, choć odpycham inne,
skoro tak mnie prosiłaś.

SZKAPINIA

wskazując Kulminię

Czy to nie jest dziwne,
że gdy tylko podeszła, nawet jednym słowem
nie jest w stanie przemówić. Wzrok jej odjął mowę.

BASZTOBURZ

Widzę, że będę musiał ulżyć jej w chorobie.

SZKAPINIA

Drży od czasu, gdy wzrokiem przemknęła po tobie.

BASZTOBURZ

Tak samo na mój widok działo się i z wrogiem,
więc nie dziw się kobiecie. Jak jej pomóc mogę?

SZKAPINIA

Pragnie żyć z tobą, z tobą doczekać starości.

BASZTOBURZ

No, przecież jest zamężna, a jej mąż mi kości
na grzbiecie porachuje, gdy się tam pokażę.

SZKAPINIA

Męża wygnała z domu, musiał odejść starzec –
i to z twego powodu.

BASZTOBURZ

Czy to zgodne z prawem?

SZKAPINIA

wskazując dom Podejmusa

Ten dom jest jej posagiem.

BASZTOBURZ

A, to zmienia sprawę.
Niechaj idzie do domu, ja zaraz przybiegnę.

SZKAPINIA

Nie każ jej długo czekać i nie dręcz jej, biednej.

BASZTOBURZ

Nie będę!

SZKAPINIA
do Kulminii

Chodź, idziemy!

Wchodzą do domu Podejmusa, po lewej. Ulicą od strony portu nadchodzi przebrany Żeglokles.

BASZTOBURZ
Cóż widzą me oczy?

WYGIBAS

Co widzą?

BASZTOBURZ
Jeszcze nie wiem, ale ktoś tu kroczy,
ubrany jak marynarz.

WYGIBAS
Popatrz, on nas wita.
Pewnie ma coś do ciebie. Ach, to jest kapitan.

BASZTOBURZ
Na pewno przyszedł zabrać na statek dziewczynę
i razem z nią i matką do Aten odpłynie.

Scena 7

Wygibas i Basztoburz stoją na scenie. Żeglokles zbliża się z lewej strony.

ŻEGLOKLES
do siebie

Gdybym nie wiedział, że z miłości inni
umieli wiele popełnić podłości,

sam tak przebrany poczułbym się winny.
Kiedy pomyślę, jak wielu z miłości
do rzeczy wstrętnych, niegodnych się bierze...
choćby ten Parys; bo że Troi nie ma...

spostrzegając stojących

Ojej, Wygibas stoi tam z żołnierzem.
Jeszcze usłyszą. Trzeba zmienić temat.

Udając, że ich nie widzi; głośno

Chyba Spóźnienie zrodziło kobiety –
bo one całe z niego są niestety.
I każde inne duże opóźnienie,
które największym nam się zawsze zdaje,
i tak jest mniejsze od tego spóźnienia,
którego źródłem kobieta się staje.
A co najgorsze – jakby jeszcze mało –
spóźnienie drugą naturą się stało.
Gdzie ta Bankietka?! Jest tam kto? Zapukam.

Puka do domu Basztoburza.

WYGIBAS
Co jest, młodzieńcze? Czego się wydzierasz?

ŻEGLOKLES
Przychodzę z portu i Bankietki szukam.
Chce z nami płynąć, to się musi zbierać.
Wszyscy czekają, statek pod żaglami...

BASZTOBURZ
do Żegloklesa

Wszystko gotowe!

Do Wygibasa, wskazując na swój dom

Powiedz, że ja każę,
by niewolnicy poszli razem z wami
zanieść na statek Bankietki bagaże:
szaty, klejnoty, ozdoby i złoto.
Kufer od dawna spakowany czeka.
Niech weźmie wszystko, co jej dałem dotąd.

WYGIBAS
wchodząc do domu żołnierza

Dobrze.

ŻEGLOKLES
A śpiesz się!

BASZTOBURZ
do Żegloklesa

On nie będzie zwlekać. 1305

1680 Jak twoje oczko?

ŻEGLOKLES
Jest zdrowa, dziękuję.

BASZTOBURZ
O lewe pytam.

ŻEGLOKLES
Lewe? Już pojmuję.
Wszystko przez miłość! Bo to z jej przyczyny
straciłem oko. Gdybym do dziewczyny
nie czuł miłości, miałbym oko całe.

Spoglądając na drzwi

1685 Długo mam czekać?

BASZTOBURZ
Już idą, widziałeś? 1310

Scena 8

Wygibas wychodzi z Bankietką z domu Basztoburza.

WYGIBAS
Czy ty zamierzasz dzisiaj skończyć z tymi łzami?

BANKIETKA
A jakże nie mam płakać, gdy się żegnam z wami
i opuszczam to miejsce, gdzie byłam szczęśliwa.

WYGIBAS
wskazując Żegloklesa

Ten człowiek od twej matki i siostry przybywa.

BASZTOBURZ
1690 Słuchaj no, Wygibasie, dlaczego nie każesz,
by do portu zanieśli wszystkie jej bagaże.

ŻEGLOKLES
do Bankietki

Twoja matka i siostra ślą ci pozdrowienia
i proszą, żebyś przyszła. Pogoda się zmienia:
jeśli nie będzie wiatru, nie rozwinę żagli.
1695 Matka chora na oczy, dlatego tak nagli.

BANKIETKA
Dobrze, przyjdę, lecz wyznam, że wbrew mojej woli
muszę mu być posłuszna.

ŻEGLOKLES
Widzę, że to boli.
Rozumiem i podziwiam. Mądrości masz wiele.

BASZTOBURZ
Gdyby nie ja, to głupia byłaby jak cielę.

BANKIETKA
1700 Cierpię, bo dziś go tracę! Takiego człowieka!
Każdy przy nim był mądry! Co mnie teraz czeka?

Do żołnierza

Dzięki tobie w nas rosła do żarcików siła
i mnie też twa obecność dowcip wyostrzyła.
Dziś tracę taki zaszczyt.

BASZTOBURZ
Już dobrze, kochanie.

BANKIETKA
Tylko ja wiem, jak bardzo boli to rozstanie.

BASZTOBURZ
Przestań płakać.

BANKIETKA
Nie mogę, gdy spojrzę na ciebie.

WYGIBAS
Wcale ci się nie dziwię, że chciałaś tu siedzieć,
że podbiły twe serce jego wdzięk, figura,
wyszukane maniery oraz sława, która
po świecie się rozeszła. I my też ją znamy.
To ja, prosty niewolnik, zalewam się łzami,
że mam go dziś opuścić.

BANKIETKA
Zanim ruszę w drogę,
pozwól mi się przytulić. Błagam! Powiedz – mogę?

BASZTOBURZ
Możesz.

BANKIETKA
Moje ty oczko, moja duszo cała...

Udaje, że traci przytomność, i rzuca się w ramiona Żegloklesa.

WYGIBAS
do Żegloklesa

Ej, przytrzymaj dziewczynę, żeby nie zemdlała.

Żeglokles chwyta dziewczynę w ramiona.

BASZTOBURZ
Co się dzieje?

Wygibas
O biedna! Odchodzi od zmysłów,
bo odchodzi od ciebie.

Basztoburz
Poklep ją po pysku
albo wodą.

Wygibas
Nie, woda tutaj nic nie zdziała,
lepiej żeby spokoju trochę więcej miała.
1720 Może dojdzie do siebie.

Basztoburz
zdziwiony zachowaniem Żegloklesa

Ale kto mi powie,
dlaczego jego głowa blisko przy jej głowie?
Żeglarzu zabierz usta! Chcesz dostać obuchem? 1335

Żeglokles
Sprawdzałem, czy oddycha.

Basztoburz
Trzeba było uchem.

Żeglokles
Mam ją puścić?

Basztoburz
Nie, trzymaj!

Wygibas
O ja, biedaczysko!

Basztoburz
do Niewolników wynoszących bagaże

1725 Wynieście tu, na zewnątrz, cały bagaż, wszystko.

Wygibas
Żegnajcie drogie progi. Niech wam służy zdrowie,

moi współniewolnicy. I jeszcze wam powiem, 1340
że ja was nigdy, nigdy nie zdołam zapomnieć.
A choć będę daleko, mówcie dobrze o mnie.

BASZTOBURZ

1730 Nie płacz, głowa do góry!

WYGIBAS

                Jak łzom mam się oprzeć,
kiedy ciebie opuszczam?

BASZTOBURZ

                Wszystko będzie dobrze
i wierz mi, że nic złego tobie się nie stanie.

WYGIBAS

Tylko ja wiem, jak bardzo boli to rozstanie.

BANKIETKA

odzyskując przytomność

Co się dzieje? Gdzie jestem? Czy jestem zabita,
1735 czy jedynie zemdlałam?

Mrużąc oczy na widok słońca

                Piękne słońce, witaj!

ŻEGLOKLES

Nie, to ja cię pozdrawiam. Czy słabość już mija 1345
i przychodzisz do siebie?

BANKIETKA

                Czyja to jest szyja,
którą ja obejmuję?

ŻEGLOKLES

          Nie lękaj się wcale,
mój skarbie przecudowny.

BASZTOBURZ

                Co? Tak poufale?

WYGIBAS

1740 To wszystko przez zemdlenie.

Do siebie

Aż myśleć nie mogę,
co będzie, gdy to wyjdzie.

BASZTOBURZ

Co wyjdzie?

WYGIBAS

No... w drogę
wyjdzie z domu ten orszak z wszystkimi darami
i uda się do portu. Mówiąc między nami,
boję się, że ktoś może mieć pretensję o to. 1350

BASZTOBURZ

1745 A co mnie to obchodzi – swoje dałem złoto
i niech nikt się nie wtrąca.

WYGIBAS

Martwiłem się trochę.

BASZTOBURZ

Rozumiem.

WYGIBAS

Żegnaj!

BASZTOBURZ

Żegnaj!

WYGIBAS

do Niewolników i zakochanych

Ruszajcie już, proszę.
Ja was zaraz dogonię. Chciałbym jeszcze chwilę
z moim panem pogadać, pożegnać się mile.

*Niewolnicy odchodzą z bagażami w stronę portu, na lewo,
za nimi Bankietka i Żeglokles. Do Basztoburza*

1750 Wszyscy stokroć wierniejsi byli niż ja, panie –

Żołnierz marszczy brew, więc Wygibas pośpiesznie dodaje

tak zapewne uważasz, bo to twoje zdanie
słyszałem tysiąc razy. Za wszystko ci dzięki.
Wolałbym służyć tobie, niźli z innej ręki
nawet odzyskać wolność.

BASZTOBURZ
Jesteś bardzo szczery.

WYGIBAS
Na myśl, że muszę zmienić żołnierskie maniery,
babskich rzeczy się uczyć...

BASZTOBURZ
No, trzeba się starać.

WYGIBAS
Nie mogę się przełamać, tracę chęci zaraz.

BASZTOBURZ
Idź już! Nie każ im czekać!

WYGIBAS
Żegnaj!

BASZTOBURZ
Żegnaj!

WYGIBAS
Ale...
gdyby mnie ktoś wyzwolił, chciałbyś, żebym dalej
służył tobie?

BASZTOBURZ
Odmowa nie jest w moim stylu.

WYGIBAS
Wspominaj moją wierność. Niewolników tylu
wokół ciebie się kręci, lecz ty przecież umiesz
ocenić, kto jest szczery.

Żołnierz samochwał ▪ Akt IV Scena 8

BASZTOBURZ

Tak myślałem w sumie,
lecz dziś dopiero widzę, jak to jest dokładnie.

WYGIBAS

1765 Naprawdę? Dziś dopiero łuska z oczu spadnie.

BASZTOBURZ

Jak mogłem cię odprawić? Ach, nic się nie stanie,
jeśli każę ci zostać.

WYGIBAS

Tak nie wolno, panie.
Nazwą ciebie kłamczuchem, ostatnim z szalbierzy.
Powiedzą, że już teraz nie można ci wierzyć,
1770 że nie masz żadnych innych dobrych niewolników –
tylko ja ci zostałem. Gdybyś bez przytyków
i bez plam na honorze mógł mnie tu zatrzymać,
sam bym cię o to prosił. Ale rady nie ma.

BASZTOBURZ

Więc idź już!

WYGIBAS

Bardzo cierpię, ale cóż mam zrobić?
1775 Bądź zdrów!

BASZTOBURZ

Bądź zdrów!

WYGIBAS

Bądź zdrowy! Płakać się nie godzi!

Wygibas odchodzi w stronę portu, na lewo.

BASZTOBURZ

Żegnaj!

Do siebie

Zawsze myślałem, że mam niewolnika
najgorszego ze wszystkich, a z tego wynika,

że on był najwierniejszy. I tak myślę sobie, 1375
że głupio uczyniłem. Teraz lepiej zrobię,
1780 jeśli wejdę do środka,

wskazując dom Podejmusa

bo tam całkiem sami
oddamy się miłości.

Słychać skrzypienie drzwi.

Ktoś zaskrzypiał drzwiami.

Scena 9

Chłopiec wychodzi z domu Podejmusa.

CHŁOPIEC
do wnętrza domu

Starczy! Wiem, co robić muszę.
Choć się schowa, to wytropię. 1380
Tej robocie oddam duszę.

BASZTOBURZ
do siebie

1785 Chyba mnie szuka ten chłopiec.

CHŁOPIEC

O, znalazłem cię od razu.
Witaj, najśliczniejszy z ludzi,
szczęsny ze szczętem szczęściarzu,
który w bogach miłość budzisz;
1790 dwoje cię szczególnie wspiera.

BASZTOBURZ

Którzy to?

CHŁOPIEC

Mars i Wenera!

BASZTOBURZ

Miły chłopiec.

CHŁOPIEC

wskazując na dom Podejmusa

    Ona błaga, 1385
żebyś przyszedł; tęskni, pragnie
i z miłości całkiem słaba.
1795 Czemu zwlekasz? To nieładnie.

BASZTOBURZ

No, to idę do kochanki!

Basztoburz wchodzi do domu Podejmusa.

CHŁOPIEC

Sam się pcha pod kije nasze.
Stary już rozwinął flanki –
uściskany będzie gaszek 1390
1800 o zabójczym wprost powabie,
który wierzy, że swą twarzą
wzbudza miłość w każdej babie,
lecz go nienawiścią „darzą"
i mężczyźni, i kobiety.

Oglądając się na dom Podejmusa, z którego dochodzą krzyki

1805 Ale się wydziera, rety!

Wchodzi do domu Podejmusa.

Akt V

Scena 1

Podejmus wychodzi ze swojego domu, po lewej stronie, za nim Kucharz z długim nożem, a Niewolnicy uzbrojeni w kije wyciągają Basztoburza.

PODEJMUS
do Niewolników w głębi domu

Wyprowadźcie go tutaj. Jeśli się zapiera,
to siłą wyciągnijcie.

Niewolnicy wyciągają żołnierza.

Unieście go teraz,
by dyndał ponad ziemią. Rozsunąć mu nogi! 1395

BASZTOBURZ
Na Herkulesa, błagam! Ach, sąsiedzie drogi.

PODEJMUS
To na nic.

Do Kucharza

Nóż gotowy?

KUCHARZ
Naostrzony świetnie!
Nie może się doczekać, kiedy mu obetnie
orzeszki i z nich zrobi grzechotkę dla dziecka.

BASZTOBURZ
O, przepadłem, zginąłem... Zasadzka zdradziecka. 1400
Już po mnie!

PODEJMUS
Nie tak prędko. Mamy czasu sporo.

KUCHARZ
Moja kolej?

PODEJMUS
Nie, kije niech się wpierw dobiorą.

Do Niewolników

Grzmocić i nie żałować!

Do Basztoburza

Łotrze potępiony,
jak śmiałeś się dobierać do nie swojej żony!

BASZTOBURZ

Ależ, jak bogów kocham, to samo się stało.

PODEJMUS
do Niewolników

Kłamie, więc bijcie dalej, bo ciągle za mało.

BASZTOBURZ

1820 Pozwól mi coś powiedzieć.

PODEJMUS
do Niewolników

Nie zwlekać z robotą.

BASZTOBURZ

Nie wolno mówić?

PODEJMUS
do żołnierza

Gadaj!

BASZTOBURZ

Błagano mnie o to, 1405
abym udał się do niej.

PODEJMUS

To jest twoja wina.

Jak śmiałeś?!

Daje znak Niewolnikom, aby dalej bili.

BASZTOBURZ

Dosyć, dosyć!

KUCHARZ
Mogę już odcinać?

PODEJMUS
do Kucharza

Kiedy zechcesz.

Do Niewolników

Rozciągnąć mi tego człowieka.

BASZTOBURZ
1825 Pozwól mi coś powiedzieć, zanim mnie posieka.

PODEJMUS
do żołnierza

Mów!

BASZTOBURZ
Nie było złej woli w tych moich pobudkach –
służąca przysięgała, że to jest rozwódka. 1410

PODEJMUS
daje znak Niewolnikom, aby zaprzestali kaźni

Czy przyrzekasz swą zemstą nie ścigać nikogo
z tych, co cię już pobili albo pobić mogą,
1830 jeśli, wnuczku Wenery, wyjdziesz stąd w całości?

BASZTOBURZ
Na Jowisza i Marsa! Nie mam do was złości,
że dostałem dziś w skórę. Będzie zgodnie z prawem, 1415
gdy awantura się skończy na chłoście tym razem,
gdy zachowam nietknięte swe męskie honory.

PODEJMUS
1835 A gdy przysięgę złamiesz?

BASZTOBURZ
To od tamtej pory
żyć będę bez honoru.

KUCHARZ
do Niewolników

Jeszcze trochę trzeba go przetrzepać... i puścić.

BASZTOBURZ
do Kucharza

Niech bogowie z nieba tobie, memu obrońcy, hojnie się odpłacą!

KUCHARZ

Daj nam więc minę złota.

BASZTOBURZ

Za co?

KUCHARZ

Jak to „za co"?
1840 Wnuczku Wenery, za to, że cię dziś puszczamy
z całymi honorami. I nie igraj z nami,
lepiej zapłać!

BASZTOBURZ

Zapłacę!

KUCHARZ
do Niewolników

Jak szybko mądrzeje.

Do żołnierza

Zostaw te wszystkie rzeczy i porzuć nadzieję,
że płaszcz, miecz i tunikę zabierzesz ze sobą.

NIEWOLNIK
do Kucharza

1845 Może go już odesłać, bo oberwał srogo?
Ktoś zemstą jeszcze pała?

BASZTOBURZ

Pała?! Jeszcze pała?!
A przecież już niejedna grzbiet wygarbowała.

PODEJMUS

do Niewolników

Puścić go!

BASZTOBURZ

Wielkie dzięki.

PODEJMUS

do żołnierza

Masz dosyć amorów? 1425
Jak cię tu gdzieś zobaczę, pozbawię honorów.

BASZTOBURZ

1850 Nie wniosę zażalenia.

PODEJMUS

do Niewolników i Kucharza

Chodźcie już do środka.

Podejmus wraz z Niewolnikami i Kucharzem wchodzą do domu, po lewej stronie. Od strony portu nadchodzi Cienias i Niewolnicy żołnierza, którzy odnosili bagaże Bankietki.

BASZTOBURZ

spostrzegając nadchodzących

To moi niewolnicy. Czy Bankietka słodka
już odpłynęła?

CIENIAS

Dawno.

BASZTOBURZ

Nawarzyłem sobie...

CIENIAS
Bardziej będziesz przeklinał, gdy się tylko dowiesz,
o czym się dowiedziałem. To nie był marynarz,
ten z przepaską na oku.

BASZTOBURZ
Coś kręcić zaczynasz.
Kim więc był?

CIENIAS
Jej kochankiem.

BASZTOBURZ
Skąd wiesz?

CIENIAS
Wiem i basta.
Zaczęli się całować, kiedy wyszli z miasta.
Tulili się do siebie.

BASZTOBURZ
Szlag mnie trafi chyba.
Widzę, że mnie oszukał ten zbrodniarz, Wygibas.
Tak zwabić mnie w pułapkę.

Do widzów

Lecz się należało:
gdyby jeszcze z innymi podobnie się stało,
mniej byłoby kochasiów – baliby się prawa
i mniejszą mieli chętkę.

Do Niewolników

Idziemy!

Do widzów

A brawa?

AMFITRION

Wstęp

Amfitrion powstał prawdopodobnie w środkowym lub nawet późnym okresie twórczości Plauta; wskazuje na to zarówno styl (tragiczno-komediowy), jak i stosunek ilościowy partii zwanych *cantica* do pozostałego tekstu (znaczna przewaga tych pierwszych; zob. „Mistrz konceptu", s. 12). Trudno jednak ustalić dokładniejszą datę wystawienia sztuki. Wprawdzie niektórzy uczeni dopatrują się w wersach 41–42 aluzji do pokazanej przez Enniusza w roku 186 p.n.e. tragedii z gatunku *fabula praetexta* pod tytułem *Ambracia* i uważają, że *Amfitrion* wszedł na scenę w tym samym czasie, ale teza ta budzi duże wątpliwości. Kwestia datacji ciągle zatem pozostaje otwarta.

Ustalenie greckiego pierwowzoru, z którego Plaut zapewne korzystał przy opracowywaniu historii Amfitriona, również napotyka ogromne trudności. Wiadomo, że motyw ten wprowadzali już wcześniej Sofokles i Eurypides, a także przedstawiciele komedii staroattyckiej: Archippos i Platon, który był autorem sztuki *Nýks makrá* (*Długa noc*). Jednak opis bitwy w *Amfitrionie* Plauta zdradza – jak wykazał Ulrich von Wilamowitz-Moellendorf – technikę walki charakterystyczną dla epoki aleksandryjskiej. Fakt ten eliminuje wymienionych wyżej autorów i zawęża teren poszukiwań do komedii nowej i czasów jeszcze późniejszych. Być może Plaut oparł się na tak popularnej w teatrze aleksandryjskim hilarotragedii – komicznej parodii tragedii, jednak są to tylko przypuszczenia.

Mit Amfitriona opowiada o wodzu tebańskim, który po powrocie z wojny zastaje w domu, a co gorsza w alkowie, swojego sobowtóra. W owego sobowtóra wcielił się Jowisz, który zapłonął miłością do Alkmeny i postanowił spłodzić z nią Herkulesa (greckiego Heraklesa), a znając wierność swojej wybranki, nie znalazł lepszego sposobu niż przybranie postaci jej własnego męża. W amorach sekunduje Jowiszowi Merkury, przyjąwszy na siebie wizerunek Amfitrionowego niewolnika, Sozji (zob. il. 1).

Tę historię, w której główne role grają bogowie, zwykle pojawiający się raczej w tragediach, Plaut opracował jako zabawną farsę. Zdawał sobie jednak sprawę, że wprowadzenie na komediową scenę takich postaci, jak wódz tebański, Jowisz czy Merkury, wymaga zmiany gatunku. Ustami Merkurego autor tłumaczy widzom, że przedstawienie, które zaraz obejrzą, będzie tragikomedią, nie można bowiem pozwolić, by bogowie występowali w zwykłej komedii (w. 59–61). Trzeba przyznać, że sporo w *Amfitrionie* scen wybitnie farsowych.

Prawie cały, bardzo długi, bo liczący 550 wersów, AKT I, w znacznej części (462 wersy) wypełniony jest sceną, zwaną „nocnym straszeniem", która skrzy się od dowcipów, skeczy, humoru sytuacyjnego, zabawnych kalamburów i nieporozumień. Sozja, śpiesząc do brzemiennej Alkmeny z nowiną o zwycięstwie, spotyka przed bramą swoje drugie ja, czyli Merkurego – jest to najzabawniejszy fragment tej komedii. Następująca zaraz potem scena rozstania niedawnych kochanków – Jowisza i Alkmeny, atmosferą bardziej przypomina tragedię, choć i tutaj Plaut postarał się, by Merkury uwagami na stronie zakłócił ten tragiczny ton.

AKT II znów przynosi sceny farsowe. Najpierw Sozja z całą powagą opowiada Amfitrionowi o spotkaniu z samym sobą, czym doprowadza pana do wściekłości, później zaś Amfitrion spotyka Alkmenę i ze zdziwieniem odkrywa, że – jak zapewnia go żona, nie szczędząc intymnych szczegółów – właśnie spędził z nią noc. Na szczególną uwagę zasługuje utrzymana w niezwykle poważnym nastroju liryczna partia Alkmeny, otwierająca tę właśnie, drugą scenę. Często zwie się ją lamentem, ponieważ bohaterka w sposób charakterystyczny dla tragedii wypowiada się na temat wartości męstwa i jego znaczenia w życiu.

W AKCIE III, który następuje po odejściu zrozpaczonego Amfitriona, pojawienie się Jowisza ponownie wprowadza nastrój liryczny. Ojciec bogów i ludzi usiłuje przebłagać Alkmenę i obrócić w żart ostre słowa, które pod jej adresem wypowiedział zdradzony małżonek. Taką scenę pojednania kochanków rzadko spotkamy w komediach Plauta. Natomiast następujący po niej obraz Merkurego jako „śpieszącego niewolnika", który rozpycha się i roztrąca przechodniów, jest bardzo farsowy i niezwykle charakterystyczny dla naszego komediopisarza (zob. il. 4).

Tekst AKTU IV nie zachował się w całości: zaginęło około 300 wersów, ale bez trudu można zrekonstruować fabułę. Po scenie, w której Merkury odpędza od drzwi domu przybywającego ponownie Amfitriona, z całą pewnością dochodzi do spotkania sobowtórów.

AKT V rozpoczyna zabawna parodia tak specyficznej dla tragedii „opowieści posłańca": to służąca Alkmeny w nieudolny sposób stara się zachować wysoki styl... relacji z porodu, który odbył się wewnątrz domu. Na zakończenie – jak to niekiedy bywało w tragedii – zjawia się Jowisz, prawie jak *deus ex machina*, i tłumaczy zdumionemu Amfitrionowi, co się zdarzyło, oraz przepowiada przyszłość.

Elementy typowe dla tragedii mieszają się tu z motywami farsowymi. Jednak *Amfitrion* Plauta jest przede wszystkim wesołą komedią, w której występują dwie zabawne figury: Amfitrion i Sozja. Jowisz zaś i Merkury nie mają nic z boskiego majestatu; zwłaszcza pan bogów i ludzi jawi się jako wytrawny uwodziciel, który *per fas et nefas* dąży do osiągnięcia celu. Gromowładny podobny jest do śmiertelnika, ale nie dlatego że przybrał ludzką postać, lecz z powodu swych własnych, bardzo ludzkich wad. Na szczególną uwagę zasługuje Alkmena, która mimo zdrady (zwłaszcza że nieświadomej) przedstawiona zostaje jako kobieta godna czci i szacunku. Taki obraz matrony – kochającej i oddanej małżonki – jest zupełnie wyjątkowy w komediach Plauta.

W *Amfitrionie*, prócz senaru jambicznego w partiach mówionych (*diverbia*) oraz septenaru trocheicznego, oktonaru jambicznego i trocheicznego w partiach wykonywanych przy akompaniamencie muzycznym (*cantica*), pojawiają się cztery partie liryczne, śpiewane (*mutatis modis cantica*), które wykazują wielką różnorodność metryczną. Są to: pieśń Sozji o bitwie (w. 219–245), duet Amfitriona i Sozji (w. 551–585), lament Alkmeny (w. 633–653) oraz relacja Bromii z narodzin synów Alkmeny (w. 1053–1073).

Amfitrion, podobnie jak *Żołnierz samochwał*, stał się źródłem inspiracji dla wielu komediopisarzy. W tych późniejszych sztukach często pojawiał się arcyzabawny motyw „nocnego straszenia", który w wykonaniu Sozji i Merkurego wypełnia cały akt I Plautyńskiego *Amfitriona*. Takie właśnie sceny Franciszek Bohomolec umieścił w swojej komedii *Bliźnięta* (1755 r.), a Aleksander Fredro w *Nowym Don Kiszocie* (1822). Na podkreślenie zasługuje też fakt, że komedie oparte na motywie sobowtórów zazwyczaj korzystały z pomysłów Plauta zastosowanych nie tylko w *Braciach* (*Menaechmi*), ale także w *Amfitrionie*. Np. William Szekspir, pisząc swoją *Komedię omyłek*, wyzyskał pomysł podwojenia sobowtórów, dodając drugą parę bliźniaków-służących. Warto dodać, iż intryga sztuki Aleksandra Fredry *Nikt mnie nie zna* opiera się w znacznym stopniu na motywie *Amfitriona*: główny bohater, wracając z podróży, zastaje w domu swego sobowtóra, co ma ten skutek, że nikt z domowników nie rozpoznaje w nim prawdziwego pana.

Ponieważ nie sposób wyliczyć wszystkich komedii, których motywy lub elementy fabuły zostały zaczerpnięte z *Amfitriona*, poniżej podajemy tylko te będące w całości parafrazą Plautyńskiej komedii: Vitalis de Blois (XII w.) – *Geta*, Lodovico Ariosto (1474–1533) – *I suppositi*, Lodovico Dolce (1508–1568) – *Il Marito*, Jean Rotrou (1609–1650) – *Les Sosies*, Molier (1622–1673) – *Amfitrion* (1667), John Dryden (1631–1700) – *Amphitryon or Two Sosias*, Hawkesworth – *Amphitryon* (1792), Heinrich von Kleist (1776–1811) – *Amphitryon*, Jean Giraudoux (1882–1944) – *Amphytrion '38* (1929).

Niniejszego przekładu *Amfitriona* dokonano na podstawie wydania – Plautus: *Amphitruo*. [W:] T. Macci Plauti *Comoediae*. Edited by W. M. Lindsay. T. I. Typographeum Clarendonianum, Oxford 1959. Wykorzystano także komentarze zamieszczone w edycjach – Plautus: *Amphitruo*. Edited with introduction and notes by W. B. Sedgwick. Manchester University Press, Manchester 1960; Plautus: *Amphitruo*. Edited with notes by the late T. Cutt, introduction to the revised edition by J. E. Nyenhuis. Nayne State University Press, Detroit 1970.

W pracy nad przekładem niezwykle pomocne okazały się tłumaczenia na inne języki nowożytne – Plauto: *Amphitruo* (*Amfitrione*). Testo Latino con traduzione a fronte a cura di E. Paratore. Sansoni, Firenze 1959; Plautus. With an English translation by P. Nixon. Vol. I. Harvard University Press, Cambridge, Massachusetts 1979 (The Loeb Classical Library); T. Maccius Plautus: *Amphitruo*. Übersetzt und herausgegeben von J. Blänsdorf. Reclam, Stuttgart 1995; T. Maccius Plautus: *Amphitruo*. Übersetzt und herausgegeben von E. Hofmann. Aufbau-Verlag, Berlin-Weimar 1987; Plautus: *Amfitryon*, Režie K. Svoboda. Praha 1978; a także polski przekład – T. Maccius Plautus: *Komedje*. Przełożył G. Przychocki. T. 1. Krakowska Spółka Wydawnicza, Kraków 1934, s. 7–91.

Dostęp do materiałów zawdzięczam stypendium fundowanemu przez Herzog August Bibliothek w Wolfenbüttel oraz stypendium Fundacji Janineum w Wiedniu.

Alkmenę Jowisz kocha, pragnie niespokojnie,
Męża więc postać przybrał, bo ten jest na wojnie.
Podczas schadzek wciąż służy przy ojcu Merkury,
Hultaj, używa Sozji imienia i skóry;
Intrygą oplótł sługę oraz Amfitriona,
Tak że wódz mu uwierzył, iż go zdradza żona.
Rozgorzała więc kłótnia. Blefaron przychodzi
Ustalić, kto Amfitrion, a kto tylko zwodzi.
Odkryto całą prawdę. Dwóch chłopców się rodzi.

Osoby

MERKURY (*Mercurius*), bóg, syn Jowisza
SOZJA (*Sosia*), niewolnik Amfitriona
JOWISZ (*Iuppiter*), bóg, ojciec Merkurego
ALKMENA (*Alcumena*), żona Amfitriona
AMFITRION (*Amphitruo*), wódz tebański, mąż Alkmeny
BLEFARON (*Blepharo*), sternik na okręcie Amfitriona
BROMIA (*Bromia*), niewolnica Alkmeny

Osoby nieme

NIEWOLNICY
TESSALA (*Thessala*), niewolnica Alkmeny

Rzecz dzieje się w Tebach

Prolog

Na środku sceny pałac Amfitriona.
Z prawej strony droga prowadzi do miasta, w lewo – do portu.
Merkury wychodzi z pałacu w przebraniu Sozji.

MERKURY
do publiczności

Jeżeli chcecie, aby bóg Merkury
wspierał was w waszych merkantylnych sprawach
i gwarantował wam zyski już z góry,
a przy zakupie równie wielkie dawał,
jak przy sprzedaży; jeśli interesy
wasze ma wspierać: te małe i wielkie,
dziś i w przyszłości napełniać wam kiesy;
jeżeli chcecie, żeby wieści wszelkie,
jakie przyniesie dla was i rodziny,
były pomyślne i by wam ogłaszał
tylko korzystne dla wszystkich nowiny
(tyle to chyba wie publiczność nasza,
że Merkuremu bogowie nadali
prawo przynosić nowiny i zyski) –
więc jeśli chcecie, by wspierał was dalej
i wam przynosił stały zysk na wszystkim,
to mi nie gadać podczas przedstawienia!

Groźnie

I sprawiedliwie komedię oceniać!
Teraz wam powiem, z czyjego rozkazu
i w jakim celu zszedłem do was z góry,
podam też imię i wyznam od razu –
przysłał mnie Jowisz, a jestem Merkury!
Ojciec mi zlecił, bym was prosił grzecznie,
choć wie, że przecież to nie jest konieczne,
bo jego słowo, za to ręczyć mogę,
ma moc rozkazu. I o tym też słyszał,
że odczuwacie szacunek i trwogę –
tak jak się godzi w obliczu Jowisza.
Lecz mimo wszystko kazał mi, bym do was
zwrócił się z prośbą w bardzo grzecznych słowach.

Bowiem ten Jowisz, co mnie tu postawił,
nie mniej niż inni boi się upadku,
a że śmiertelnik, musi o swe sprawy
i o grzbiet zadbać. A ja po nim w spadku,
ja – syn Jowisza – tę trwogę dziedziczę.
Lecz sam spokojny, pokój wam przynoszę
i na rzecz słuszną, a najprostszą liczę –
bo, sam uczciwy, was uczciwych proszę
o rzecz uczciwą. Nie wypada bowiem
nieuczciwości żądać od uczciwych,
a od łajdaka – tylko głupiec powie,
że można żądać, aby był uczciwy.
Słuchajcie pilnie, co wam chcę powiedzieć.
Wasze życzenia powinny iść w sumie
w parze z naszymi, bo trzeba wam wiedzieć,
że bardzo wiele wszyscy zawdzięczacie
i mnie, i ojcu; lecz to myśl chybiona
wciąż wypominać (toż się nasłuchacie
zawsze w tragediach, ile wam Bellona,
Virtus, *Victoria* oraz Mars z Neptunem
dali dobrego). A ja w cień usunę
zasługi ojca, co jest bogów szefem,
a tu zarządza całym interesem,
bo wypominać mój ojciec nie lubi.
Słusznie uważa, że go wdzięczność czeka
za to, co robi dobrego dla ludzi.
A teraz powiem, aby już nie zwlekać,
o co mam prosić, potem zaś wyłożę
treść tej tragedii. Cóż to? Smutne twarze,
że to tragedia? Jestem bóg! Bóg może
wszystko odmienić. Więc wam dziś pokażę
zamiast tragedii tę komedię oto,
chociaż nie zmienię w tekście nawet zdania.
Chcecie tak? Chcecie?

Uderzając się w czoło

Ja jestem idiotą.
Jakbym nie wiedział, nawet bez pytania,
co byście chcieli. Jestem bogiem przecież,
więc wiem dokładnie, czego od nas chcecie.
Tragikomedię z połączenia stworzę,

bo gdzie bogowie i król mają role,
tam już komedii czystej być nie może;
a że niewolnik też gra, więc dać wolę
tragikomedię. Lecz najlepiej będzie
podać wam, o co Jowisz prosi, teraz:
niech inspektorzy przejdą rząd po rzędzie
i gdy wśród widzów zobaczą klakiera,
pod zastaw klęski niech wezmą mu togę.
Gdy dla artysty albo dla aktora
ktoś nieuczciwie chce zyskać nagrodę,
gdy osobiście lub przez protektora
albo pisemnie, albo przez edyli
chce ubrać kogoś w niesłuszne honory,
Jowisz rozkazał, żeby go sądzili,
jakby sfałszował przekupstwem wybory.
Wszak wy, zwycięzcy, też się kierujecie
zasadą cnoty, a nie podłą drogą
podstępu, fałszu. Więc czy na tym świecie
równe, te same prawa być nie mogą
dla komedianta, co dla możnych panów?
Trzeba grać czysto, nie – podstawiać klakę!
Nawet uczciwie można zyskać fanów
i aplauz spory, jeśli dobrym smakiem
i szlachetnością edyl się odznacza.
Niech każdy strażnik spełni boga wolę
i wśród aktorów rzesze także wkracza –
i gdyby któryś chciał za swoją rolę
większych oklasków lub „wygwizdywacza"
wynajął, aby zaszkodzić kolegom,
niechaj mu kostium i skórę przetrzepie.
Dziwi was widzę, że Jowisz od złego
chroni aktorów. Nie dziwcie się lepiej –
sam gra w komedii. Co? Nie dowierzacie?
To nic nowego! Przecież pamiętacie,
że się aktorzy na nim nie zawiedli –
przybył... grał w sztuce... jakoś w zeszłym roku...
Pomógł im nawet. Dziś w tragikomedii
też się pojawi. A przy jego boku
i ja wystąpię. A teraz uwaga!
Treść tej komedii będę opowiadał!

Jesteśmy w Tebach.

Wskazując dom za sobą

To dom Amfitriona,
który się w Argos z Alkajosa zrodził.
Mieszka tu także jego piękna żona,
Alkmena, którą sam Elektros spłodził.
Amfitrion teraz na czele legionów,
bo Teloboje straszną wojnę wszczęli
z Tebańczykami. Lecz nim odszedł z domu,
zostawił żonę swoją przy nadziei.
Sądzę, że znacie mego ojca dobrze,
jaki amator z niego na te rzeczy:
gdy go coś znęci, to już się nie oprze.
Teraz w alkowie się Alkmeną cieszy.
Gdy męża nie ma, on włada jej ciałem
i po raz drugi w tę noc, jakże długą,
czyni brzemienną. I podkreślić chciałem,
że ta podwójna ciąża jest zasługą
zarówno męża, jak samego boga.
Teraz mój ojciec leży przy Alkmenie,
więc noc wydłużył, by wybranka droga
dała mu rozkosz, przyniosła spełnienie;
po to też przybrał postać Amfitriona.

Wskazując swój strój

Niech was nie dziwi kostium niewolnika,
który tu noszę – całkiem przerobiona
jest ta opowieść, i to stąd wynika
moje przebranie. Sam Jowisz w tej chwili
jest Amfitrionem. Nikt nie wątpi o tym,
że to Amfitrion – wszyscy uwierzyli.
Tak Jowisz umie, kiedy ma ochotę,
zmienić swą skórę. A ja noszę postać
Sozji, sługusa, co wraz z Amfitrionem
poszedł na wojnę. Lecz ja tu mam zostać,
by pomóc ojcu uwieść cudzą żonę.
Gdy jestem Sozją, to nikt z domowników
mnie nie zapyta, co robię w tym domu.
Wszak jestem Sozją, jednym z niewolników,

a więc do głowy nie przyjdzie nikomu
pytać: skąd idę, dociekać: kim jestem.
Mój ojciec teraz swego serca słucha
i ukochaną tuli czułym gestem,
o swych legionach szepce jej do ucha.
A ona wierzy, że ma w swych ramionach
własnego męża, choć to jest kochanek.
Jowisz jej mówi, jak wroga pokonał
i jakie dary zostały mu dane;
łupy te były wprawdzie Amfitriona,
jednak my sobie wzięliśmy co nieco –
mój ojciec łatwo, czego chce, dokona.

Spoglądając w stronę portu, na lewo

Zaraz Amfitrion z Sozją tu przylecą,
z Sozją, którego jestem sobowtórem.
By wam ułatwić, to ze skrzydełkami
włożę kapelusz.

Wkłada kapelusz ze skrzydełkami, a drugi pokazuje widzom.

Ten ze złotym sznurem
będzie Jowisza; takimi znakami
wcale nie będzie Amfitrion zdobiony.
Ozdoby tylko wy możecie widzieć,
bo niewidoczne są dla służby, żony.

Spostrzegając Sozję

Od Amfitriona Sozja tutaj idzie.
Nadchodzi z portu i latarnię dźwiga.
Jak szybko przyszedł, tak pójdzie z powrotem.
Siedźcie i patrzcie! Na pewno się przyda,
nie szkoda czasu – zapewniam was o tym –
zobaczyć dzisiaj, jak Jowisz na scenie
razem z Merkurym daje przedstawienie.

Merkury cofa się w głąb sceny.

Akt I

Scena 1

Sozja, niosąc przed sobą lampę, nadchodzi od strony portu, z lewej.
W głębi sceny stoi niewidoczny dla Sozji Merkury.

SOZJA

do siebie

Czy jest ktoś tak odważny, aby w środku nocy
sam jeden, jak ja tutaj, po ulicy kroczyć?
A młodzież płata figle wprost nie do zniesienia!
Zaraz! A co ja zrobię, jeśli do więzienia
wrzucą mnie nocne straże?! Gdy ranek nastanie,
wyciągną z tej piwnicy jak mięso baranie
wprost na deskę pod tłuczek. Mnie prawo nie chroni.
Pan nie przyjdzie z pomocą i mnie nie obroni.
Wszyscy pomyślą – „winien"! I ośmiu, niestety
aż ośmiu, zrobi ze mnie siekane kotlety!
　　Ledwo się pojawię w kraju,
　　zaraz władze mnie witają!
　　To przez niecierpliwość pana
　　z portu idę tak powoli,
　　bo mnie wysłał wbrew mej woli.
　　Nie mógł czekać z tym do rana?!
Praca u możnych zawsze ciężka... długa...
Im pan znaczniejszy, tym biedniejszy sługa.
Bez przerwy, w dzień i w nocy nowe są zlecenia:
to zrobić, tamto przynieść – nie dadzą wytchnienia!
Gdy pan ma niewolników dużo do roboty,
sam roboty ma mało! Nie pomyśli o tym,
czy coś można wykonać. On chce mieć to zaraz
i nic go nie obchodzi, ile trzeba starań.
Czy trzeba, czy nie trzeba, śle rozkazy stale;
połowa z nich bez sensu, niepotrzebna wcale.
Lecz trzeba znosić, robić, jeszcze cicho siedzieć!

MERKURY

w głębi sceny, na stronie

To co ja miałbym powiedzieć?!
Chociaż wolny – z ojca woli

wskazując swój strój niewolnika

występuję w takiej roli.
A ten takie bzdury gada,
choć w niewoli od pradziada.

SOZJA

Ależ ze mnie niewolnik, gorszy wręcz od dziada!
Wszak bogom za mój powrót dziękować wypada,
bo to jest ich zasługa. Lecz niech Polluks strzeże,
aby oni nie chcieli odpłacić mi szczerze
tym, na co zasłużyłem. Wtedy by wysłali
kogoś, żeby po pysku mi nieźle nawalił –
za opieszałość w modłach karę mi wymierzył.

MERKURY

w głębi sceny, na stronie

Ten przynajmniej wie dobrze, co mu się należy!

SOZJA

Nie przyszło mi do głowy ani też nikomu
spośród moich rodaków, że żywi do domu
wrócimy z tej wyprawy – a my zdrowi, cali,
nie tylko nieprzyjaciół żeśmy pokonali,
lecz i wojnę skończyli. A to miasto wrogie,
gdzie wielu Tebańczyków spoczywa dziś w grobie,
to miasto legion siłą i męstwem pokonał
pod szczęśliwym przywództwem mego Amfitriona.
On nam przysporzył sławy, obsypał łupami
i umocnił Kreona, co rządzi Tebami.
A mnie wysłał do domu, aby jego żona
wiedziała, że ojczyzna została zbawiona
wyłącznie dzięki niemu. Jak mam jej zdać sprawę?
Będę musiał nakłamać. Ale w tym mam wprawę.
Bitwę znam z opowiadań i tylko rzec mogę:
inni dawali głowę, a ja dałem nogę!
Lecz udam, że walczyłem. Jeszcze próbę zrobię
i – by się nie zaplątać – wpierw opowiem sobie.

Powoli, układając opowieść

Gdyśmy tylko przybyli, Amfitrion od razu
śle zaufanych posłów, aby treść rozkazów

Telobojom zanieśli: „Jeśli polubownie
zechcą wydać łupieżców, a łupy ponownie
wrócą do właścicieli – on cofnie legiony
znów do domu i pokój będzie ocalony.
Lecz jeśli chcą inaczej i nie spełnią zaraz
wszystkich jego wymagań – to on się postara
gwałtem oraz przemocą zagarnąć ich miasto".
Posłańcy Telobojom wykładają jasno,
co polecił Amfitrion. A ci, zadufani
swojego zadu fani, dowodzą, że sami
też potrafią się bronić, więc każą w tej chwili
zabrać wojska z ich ziemi. Posłowie wrócili,
odpowiedź przekazali. Zaraz wojska swoje
Amfitrion wiedzie w pole – wówczas Teloboje
ruszają w szyku z miasta; a ich uzbrojenie
piękne, bardzo bogate, no i będzie w cenie!

Canticum

Z obu stron stają armie ogromne:
    obie w szyku, gotowe na bój.
Już nasz legion jest w zwartym szeregu,
    a wrogowie trzymają szyk swój.
Z obu stron występują wodzowie,
    rozmawiają, a wokół aż wrze;
stanął układ, że ten, który przegra,
    odda siebie, swe miasta i wsie.
Z obu stron potem grzmią, huczą trąby,
    ziemia dudni, powtarza ich zew.
Każdy z wodzów przyzywa Jowisza,
    sprawdza armię, zagrzewa w niej krew.
    Więc żołnierz zaraz
    strasznie się stara,
    jak tylko może
    orężem orze.
    Trzask strzaskanych strzał
    w szczęku mieczy grzmiał.
    Niebo ryczy,
    tłum skowyczy.
Od dyszenia i sapania
pole gęsta mgła zasłania.

Siła mężów i ran siła
wiele trupów położyła.
W końcu nasze szeregi są górą,
ciała wrogów się wznoszą jak stos,
szturmujemy na ich barykadę,
już zwycięstwo zapewnia nam los.
Lecz nikt z wrogów ucieczki nie szuka,
walczy w szyku, choć wokół grzmi ryk,
woli zginąć, niż wypaść z szeregu,
a gdy pada – to też trzyma szyk.
Tu Amfitrion dał rozkaz konnicy –
prawym skrzydłem pomagać ma nam;
i rozniosła doszczętnie już wroga,
który prosił się o to wręcz sam.

MERKURY
w głębi sceny, na stronie

Muszę przyznać, że dotąd wszystko, co tu gada –
a byłem z ojcem w bitwie – dokładnie się zgadza.

SOZJA

Resztki wroga szukają siebie do odwrotu.
W nas nowy duch wstępuje i tysiące grotów
trafia wroga, co tyłem zwrócić się ośmiela.
A z ręki Amfitriona padł ich król, Pterela.
Bitwa trwała już od rana –
wiem, bo byłem bez śniadania.
Lecz noc przerwała walkę, a dnia następnego
starszyzna z miasta przyszła do wodza naszego,
pokornie go błagając, abyśmy im grzechy
wybaczyli. Oddali siebie, swe pociechy,
to, co własnością państwa, i to, co jest boga;
i możemy z tym zrobić, co nam się podoba.
Amfitrion za odwagę dostał kielich złoty,
z którego pił Pterela.

Zadowolony z siebie

Tak opowiem o tym!
Lecz trzeba ruszać dalej, rozkaz mego pana
zanieść szybko do domu.

MERKURY
w głębi sceny, na stronie

Widzicie gałgana!
Tutaj idzie, lecz ja drogę
mu zastąpię. Nie pozwolę
wejść do środka. Okpić mogę,
bowiem gram tu jego rolę.
Gdy przyjąłem kształt i postać,
muszę wziąć też obyczaje
i jak on szubrawcem zostać.
Od tych drzwi, jak mi się zdaje,
jego bronią go odprawię –
kłamstwem, sprytem się pobawię!

Zdziwiony na widok Sozji wpatrzonego w niebo

Co on robi?! Patrzy w niebo?!
Będę oko mieć na niego!

SOZJA
cały czas spoglądając w niebo

Na Polluksa! Bez wątpienia
Noc gdzieś śpi ubzdryngolona –
nic na niebie się nie zmienia:
Niedźwiedzica, pas Oriona,
Księżyc, gwiazdy w miejscu stoją,
świt się wcale nie różowi.

MERKURY
w głębi sceny, na stronie, zwracając twarz ku niebu

Nocy! Pełnij wartę swoją,
aby pomóc Jowiszowi.
Wielki bóg za służby wszelkie
śle w nagrodę dary wielkie.

SOZJA
do siebie

Dłuższej nocy nie widziałem,
może oprócz tej, gdy zbity

do białego dnia wisiałem,
sznurem skrępowany przy tym.
Ale tamta – dałbym głowę –
była krótsza o połowę.

Znów spoglądając na niebo

Słońce winem ululane
gdzieś tam chrapie sobie miło;
nic dziwnego, pewnie dzbanem
zbytnio sobie dogodziło.

MERKURY
w głębi sceny, na stronie, z oburzeniem

Myślisz, łotrze, że ty bogów
możesz swoją miarą mierzyć?!
Podejdź tylko do tych progów,
weźmiesz, co ci się należy!
Gdy się takim jest obwiesiem,
noc nieszczęścia same niesie.

SOZJA
rozglądając się po ulicy

I gdzież są ci kobieciarze,
co nie lubią sypiać sami?!
Ta noc to spełnienie marzeń:
czas na schadzki z panienkami,
które za noc biorą słono.

MERKURY
w głębi sceny, na stronie, śmiejąc się

Ojciec mój nie traci nocy,
lecz Alkmeny pieszcząc łono,
tuli ją ze wszystkich mocy.
Tak mu każe serca drgnienie.

SOZJA
zbierając się do drogi

Czas się zbierać, wejść do środka
i przekazać wieść Alkmenie.

Spostrzegając Merkurego

350 A ten kogo chce tu spotkać?
Nie podoba mi się wcale,
że przed wejściem stoi, w bramie.

MERKURY

w głębi sceny, na stronie

Ależ z niego jest strachalec!

SOZJA

spoglądając na Merkurego z coraz większym przerażeniem

Chce przetrzepać mi ubranie.

MERKURY

w głębi sceny, na stronie

355 On ze strachu wprost umiera,
zatem drwiną i ironią
zakpię z niego.

SOZJA

przerażony

Da mi teraz!
Już mi nawet zęby dzwonią.
Widząc, że przychodzę w gości,
360 to dopiero mnie uściska.
Mnie się zdaje, że z litości
pięść przyłoży mi do pyska.
Wie, że pan mnie snu pozbawił,
dając mi rozkazy własne,
365 a ten swoją łapą sprawi,
że bez trudu zaraz zasnę.
Ratuj, Herkulesie miły!

Wskazując Merkurego

Ileż mocy w nim i siły!

Merkury
w głębi sceny, na stronie

Głośniej powiem i to znacznie,
wtedy bardziej bać się zacznie.

Głośno, oglądając swoje dłonie

Ach, wy, pięści darmozjady,
co żołądka nie żywicie!
Już zniknęły nawet ślady
po tych siedmiu, których życie
wczoraj w sen zapadło błogi.

Sozja
na stronie

Oj, jak mi się trzęsą nogi!
Nie chcę z Sozji być Oktawem,
lecz po siedmiu ósmy jestem,
więc dopełnię tę oktawę.

Merkury
w głębi sceny, na stronie

Tego chciałem!

Merkury udaje, że przygotowuje się do walki – zaciska pas.

Sozja
         On tym gestem
siły zbiera.

Merkury
głośno, do siebie

Żyw nie wyjdzie,
bo go zaraz zaszlachtuję!

Sozja

Kogo?

MERKURY

głośno, do siebie

Tego, co tu przyjdzie,
wnet pięściami poczęstuję.

SOZJA

Ja nie jadam o tej porze.
Już za późno, a do tego
po kolacji jestem. Może
poczęstunek dla głodnego
zostaw lepiej.

MERKURY

oglądając pięści, do siebie

Zje niemało!
Dużo ważą moje łapy.

SOZJA

Już nie wyjdę z tego cało,
jeśli zważyć jego łapy.

MERKURY

głośno, do siebie

Ale lepiej zrobię może,
jeśli do snu go położę.

SOZJA

sarkastycznie

Świetny pomysł! Doskonale!
Trzecią noc już nie śpię wcale!

MERKURY

głośno, do siebie

Najgorzej bez przekonania
zabrać się do bicia, wtedy
cios podobny do głaskania
pięści mordę bez potrzeby;

gęba musi tyle dostać,
by mieć całkiem nową postać.

SOZJA

Pysk mi w ząbki powycina.

MERKURY
głośno, do siebie

Każdy, kto się tu pojawi,
405 straci zęby.

SOZJA

Nie nowina –
jeśli chce mnie dobrze strawić,
nim na ząb mnie weźmie, trzeba,
bym ja wypluł zęby swoje.
Precz z dentystą! Wielkie nieba!
410 Gdyby poczuł, że tu stoję...

MERKURY
głośno, do siebie, pociągając nosem

Ktoś mi tu nieszczęściem pachnie.

SOZJA
pociągając nosem

Czy to ja tak zalatuję?!

MERKURY
głośno, do siebie

Był gdzieś dalej, teraz właśnie
w moją stronę postępuje.

SOZJA
415 Ten ma nosa jak wróżbita.

MERKURY
głośno, do siebie

Ręce już mnie świerzbią same.

Sozja
do siebie

Jeśli pragniesz mnie powitać,
najpierw potrzyj je o ścianę.

Merkury
głośno, do siebie

Głos doleciał mi do ucha.

Sozja
Że też zanim wzbił się w górę
i doleciał tego zucha,
ja mu nie wyrwałem piórek.

Merkury
głośno, do siebie

On chce dostać. Na dodatek
sam nadstawia własne barki.

Sozja
ze zdziwieniem

Nie mam barki.

Merkury
głośno, do siebie

To gagatek!

Do Sozji

Grzbiet więc nadstaw!

Sozja
        Już mam ciarki.
Ledwie żyję. Jeszcze stale
po podróży tu

wskazując brzuch

mam fale.
Bez bagażu wręcz się wlokę,

a ty jeszcze myślisz o tym,
by mi włożyć coś na plecy.

MERKURY
głośno, do siebie

Jakieś „nic" tu ze mną gada.

SOZJA
do publiczności

Chyba cało wyjdę z hecy!
On nie widzi mnie, powiada
tu o „niczym", a wy wiecie,
że ja Sozją jestem przecież.

MERKURY
głośno, nadsłuchując z lewej strony

Jakiś głos mnie bije w uszy.

SOZJA
Za ten głos, co jego bije,
ja oberwę.

MERKURY
na stronie

Ku mnie ruszył!
Doskonale!

SOZJA
przerażony

Ledwie żyję.
Gdyby mnie ktoś spytał teraz,
w jakim miejscu właśnie stoję,
to sam nie wiem. Ja, mizerak,
z lęku wprost się ruszyć boję.
No i tak za jednym razem
zginął Sozja wraz z rozkazem.

Uderzając się w czoło

Ale zaraz! Będę śmiało
grał tu zucha, bohatera,
aby mu się wydawało,
że odwaga mnie rozpiera.
Ręce mu się cofną same!

Merkury wychodzi z ukrycia i zaczepia Sozję.

MERKURY
wskazując lampę Sozji

Dokąd leziesz z tym wulkanem?

SOZJA
do Merkurego

Czemu pytasz, łapo sroga,
która ludziom w zęby mierzy?

MERKURY
do Sozji

Tyś niewolnik z woli boga
czy też wolny?

SOZJA

To zależy!

MERKURY

Prawdę mówisz?

SOZJA

Prawdę, szczerze!

MERKURY

Chuliganie!!!

SOZJA

Ja nie wierzę –
ty nie chuliganisz, panie.
No i kto tu teraz kłamie?!

Merkury

szykując się do bicia

Zaraz z małą mą pomocą
sam mi przyznasz, że skłamałeś.

Sozja

Ale na co to i po co?!

Merkury

Łatwo dowiem się, co chciałem:
komu służysz i jak długo,
dokąd idziesz...

Sozja

Do tej bramy.
Jestem mego pana sługą.
Usatysfakcjonowany?

Merkury

O kanalio, dzisiaj jeszcze
twoją gębę ci wypieszczę.

Sozja

Ona z nikim nie flirtuje,
skromna jak dziewica przecież,
bo ja dobrze jej pilnuję.

Merkury

Ależ ty od rzeczy pleciesz!
Co tu robisz?

Sozja

A ty po co
tutaj stoisz?

Merkury

Nasz król nocą
straż wystawia.

SOZJA

do siebie

Doskonale!
Chociaż nas nie było długo,
dom nasz nie ucierpiał wcale.

Do Merkurego

Teraz, skoro jesteś sługą,
pójdziesz z wieścią. Wszystkim powiesz,
że domownik jest z powrotem.

MERKURY

Ty się tu nie zadomowisz,
za dom wyślę cię z łoskotem.

SOZJA

Przecież mówię, że tu mieszkam,

wskazując na dom Amfitriona

jestem niewolnikiem tego.

MERKURY

Jeszcze dziś cię nie omieszkam
zmienić w kogoś wprost wielkiego.

SOZJA

Jak to zrobisz?

MERKURY

Kije sprawią,
że nie pójdziesz o swych siłach,
ale inni cię odstawią,
jakby twa osoba była
kimś znaczącym.

SOZJA

Czy wspomniałem,
że tu mieszkam?

MERKURY

Chcesz zobaczyć,
jak ci plecy spuchną całe?
Chyba że stąd odejść raczysz.

SOZJA

Gdy do domu powróciłem,
nie dam przegnać się spod bramy.

MERKURY

Więc to dom twój?

SOZJA

Już mówiłem.

MERKURY

Kto twym panem?

SOZJA

Jest nim znany
wódz legionów. Amfitriona
jestem sługą. Jego żona
to Alkmena.

MERKURY

Twoje imię?

SOZJA

Sozją zwano mnie w rodzinie,
a mój ojciec to był Dawos.

MERKURY

Ojcem mi się nie zastawisz,
bo to ty wciąż łamiesz prawo.
Spisek knujesz, kłamstwa prawisz,
by omotać intryg siecią.

SOZJA

To ja jestem omotany,
lecz nie siecią – raczej nieco
jestem płaszczem.

MERKURY
do siebie

No i proszę!
On jest płaszczem? Znowu kłamie!

Do Sozji

Tyś jest Sozją?

SOZJA
Pewnie, panie.

MERKURY
Wiesz też pewnie, że ja jeszcze
za twe kłamstwo ciebie zbiję.

SOZJA
Pewnie – nie chcę.

MERKURY
Pewnie nie chcesz,
lecz oberwiesz, pewnie kijem.

Merkury bije Sozję.

To, że „pewnie" jest na pewno,
wątpić o tym nie należy.

SOZJA
Ależ błagam.

MERKURY
Ty masz czelność
zwać się Sozją? Bądźmy szczerzy –
ja nim jestem!

SOZJA
z rozpaczą

Oddam ducha!

MERKURY
O, nie koniec jeszcze na tym!
Czyj ty jesteś? No – mów – słucham.

Sozja
Gdym się dostał w twoje łapy,
to twój jestem.

Krzycząc głośno w stronę forum, na prawo

                 Hej, Tebanie,
uratujcie mnie!

Merkury
Gałganie!
Jeszcze krzyczysz?! Zacznij gadać,
po coś przylazł dzisiaj do nas?!

Sozja
Byś miał kogo tu okładać.

Merkury
Czyj ty jesteś?

Sozja
Amfitriona.
Jestem Sozja, już mówiłem.

Merkury
ponownie okładając Sozję

Znów przyłożę, boś gaduła.
Ja tu zawsze Sozją byłem.
Jakaś bajka ci się snuła,
żeś ty Sozja. Ja nim jestem.

Sozja
Ach, bądź Sozją, a ja tobie
jako Sozji wtłukę resztę.

Merkury
Będziesz cicho?

Sozja
             Nic nie robię,
nic nie mówię.

MERKURY

Kto twym panem?

SOZJA

To zależy już od ciebie.

MERKURY

Jakim cię nazwano mianem?

SOZJA

Jakie zechcesz ty powiedzieć.

MERKURY

545 Wszak mówiłeś, pewny jestem,
żeś Sozjuszem Amfitriona.

SOZJA

To pomyłka, bo ja jestem
za sojuszem Amfitriona,
który zawarł z sąsiadami
550 dla obrony przed wrogami.

MERKURY

Powinienem był to wiedzieć,
że prócz mnie to przecież żaden
Sozja tu nie może siedzieć,
więc na karb pomyłki kładę,
555 że straciłeś orientację.

SOZJA

rozcierając sobie policzek

Że też pięści nie straciły!

MERKURY

Jam jest Sozja, ty masz rację.

SOZJA

Błagam, bez użycia siły
pozwól się rozmówić z tobą.

Merkury
Zatem rozejm, gdy chcesz gadać.

Sozja
Znam twe pięści – obić mogą.
Więc mi tylko odpowiada
trwały pokój, tylko wtedy
będę mówić.

Merkury
Ach, mów śmiało,
nie narobisz sobie biedy.

Sozja
Wierzyć mam, że wyjdę cało?

Merkury
Możesz wierzyć.

Sozja
A jak skłamiesz?

Merkury
składając przysięgę

W takim razie niech Merkury
spuści za to Sozji lanie.

Sozja
Skoro mnie zapewniasz z góry...
Słuchaj, uwierz memu słowu...
jam jest Sozja.

Merkury
O, nie! Znowu?!

Merkury zabiera się do bicia.

Sozja
Ale rozejm obiecałeś!

Merkury
Czy za mało oberwałeś?

SOZJA

Rób, co zechcesz! Twoje łapy
to argument nie do zbicia,
ale ja nie zmilczę straty,
choćbyś mnie pozbawił życia.

MERKURY

Dzisiaj ci się to nie uda –
sprawić, abym nie był Sozją.

SOZJA

Ani tobie żadne cuda –
nie pomogą. Jestem Sozją.
Sozją, sługą Amfitriona.
Żaden inny tu nie żyje.

MERKURY

Bredzisz! Rzecz to dowiedziona.

SOZJA

Ty sam bredzisz! Powiedz – czyje
jak nie Sozji noszę imię?
Czy nie przybił dziś w dodatku
statek, który z Persji płynie?
Czy nie byłem na tym statku?
Czyż pan misji mi nie zlecił?
Czy nie stoję tu, przed drzwiami?
Czy ta lampa się nie świeci?

Do siebie

Czyż nie mówię? Czy pięściami
ten mi tutaj nie przyłożył?

Rozcierając policzek

Oj, przyłożył, że aż boli.
Na co czekam? Aż otworzy
drzwi przede mną z własnej woli?

Zbliża się do drzwi

Czas do domu... do mojego...

MERKURY

Co? „Twojego"?

SOZJA
Tak powiadam.

MERKURY
Znowu kręcisz, bo nic z tego,
co tu mówisz, się nie zgadza.
Jam jest Sozja Amfitriona,
ja przybyłem tu na statku,
kiedy legion nasz pokonał
Telobojów, a w dodatku
król Pterela w bitwie skonał,
ranny z ręki Amfitriona.

SOZJA
do siebie

Własnym uszom wprost nie wierzę –
każdy szczegół zna z wydarzeń.

Do Merkurego

Ale powiedz mi tu szczerze –
co Amfitrion dostał w darze?

MERKURY
Wziął królewski kielich złoty,
który sam Pterela nieraz
zwykł wychylać.

SOZJA
do siebie

Wiedział o tym.
A gdzie kielich ten jest teraz?

MERKURY
W skrzynce, która opatrzona
jest pieczęcią Amfitriona.

SOZJA
Opisz pieczęć.

MERKURY
Na rydwanie

Słońce wjeżdża czy też wschodzi.
Chcesz mnie złapać?! Ty gałganie!

SOZJA

do siebie

Tym opisem on dowodzi,
że ma rację. Nie wiem wcale,
gdzie tę pieczęć mógł podpatrzeć.

Zastanawiając się

Muszę coś innego znaleźć.
Już wiem, jak na niego natrzeć –
bo nikt nie wie, co robiłem
w mym namiocie, gdyż sam jeden
i bez świadków wtedy byłem.

Do Merkurego

Jeśli Sozji klepiesz biedę,
musisz wiedzieć, co robiłeś
w swym namiocie, gdy walczono.
Jeśli wiesz, to zwyciężyłeś.

MERKURY

Beczkę winem napełnioną
miałem w kącie. Z niej nalałem
sobie dzbanek...

SOZJA

do siebie

Jest na tropie.

MERKURY

...czyste wino, czyste całe,
prosto z beczki...

SOZJA

do siebie

Trudno dociec,
skąd to wie, że na śniadanie

640   czyste wino wytrąbiłem.
Chyba był na dnie w tym dzbanie.

MERKURY

No, więc jak? Czy zwyciężyłem?
Tyś nie Sozja. Czy dociera?

SOZJA
do Merkurego

Ja nie Sozja?

MERKURY
Czyś nie słyszał?
645   Ja tym Sozją jestem teraz.

SOZJA

Ja nim jestem, na Jowisza!
I przysięgam, że nie kłamię.

MERKURY

Ja się klnę na Merkurego,
że nasz Jowisz nie jest w stanie
650   ci uwierzyć, a do tego,
choćbyś ty zaręczył głową,
więcej znaczy moje słowo.

SOZJA
do Merkurego

Więc nie Sozji imię noszę?!
To kim jestem?

MERKURY
Daję słowo,
655   gdy się znudzę, wtedy, proszę –
możesz Sozją być na nowo,
lecz gdy noszę Sozji postać,
a zostaniesz tu choć chwilę,
możesz zaraz po łbie dostać.

SOZJA

przyglądając się Merkuremu

Zaraz, chyba się nie mylę:
moją twarz ma – znam ją z lustra,
mój kapelusz ma i szaty,
nogi, stopy, oczy, usta...
i podbródek też brodaty,
nos i szczęki, i fryzurę...
Czy to podobieństwa mało?
Nawet moją ma figurę,
ręce, szyję – słowem całość!
A jeżeli grzbiet do tego
tak jak ja ma wychłostany,
to nic bardziej podobnego
być nie może. Lecz tym samym
Sozją ciągle pozostaję,
którym byłem. Patrzę, myślę
i drzwi nasze rozpoznaję.

Odważniej

Czy ja muszę brać tak ściśle
to, co gada?!

Podchodząc do drzwi

Trzeba pukać.

MERKURY

zachodząc mu drogę

Dokąd idziesz?

SOZJA

Ja? Do środka.

MERKURY

Choćbyś chciał opieki szukać
u Jowisza, i tak spotka
cię coś złego.

SOZJA

Czy nie mogę
zanieść wieści swojej pani?

MERKURY

Swojej możesz.

Odwraca Sozję tyłem do drzwi.

Ruszaj w drogę!
Chyba że chcesz siniakami
być upstrzony.

SOZJA

ugodowo

Pójdę sobie.

Do siebie

O bogowie, kto mi powie,
gdzie i kiedy się zmieniłem?
Gdzie przepadło ciało całe?
Czy gdzieś siebie zostawiłem,
czy przypadkiem zapomniałem?
Przecież żyję, a więc czemu
on w mej twarzy paraduje?
Wszak dopiero umarłemu
maskę z twarzy się zdejmuje.
Pana w porcie znaleźć można –
pójdę tam i mu opowiem.

Ucieszony

Może on mnie też nie pozna.
Niechaj sprawią tak bogowie!
Wtedy jako wyzwoleniec
zmienię zaraz swe odzienie.

Sozja odchodzi w stronę portu, po lewej.
Na scenie pozostaje Merkury.

Scena 2

MERKURY

Szybko i sprawnie poszła mi dziś praca.
Aby mój ojciec miał w miłości ciszę,
przegnałem łotra, który teraz wraca
do Amfitriona. A gdy mu opisze,
że jakiś Sozja obił go przy bramie,

Amfitrion pojmie to prawie od razu,
że jego sługa najbezczelniej kłamie,
bo nie wypełnił pańskiego rozkazu.
Wokół nich obu zrobię zamieszanie
i będę zwodzić ich rodzinę całą,
dopóki Jowisz kochać nie przestanie.
Potem poznają, co się tutaj działo.
Sam Jowisz zadba, aby zgoda była
taka jak przedtem między małżonkami.
Bowiem mąż, sądząc, że żona zdradziła,
wciąż będzie dręczyć ją podejrzeniami,
ale mój ojciec spory załagodzi.
Zapewne o tym nikt jeszcze nie słyszał,
że dziś Alkmena bliźnięta urodzi:
jeden z tych chłopców jest synem Jowisza,
za to ten drugi synem Amfitriona;
jeden pod koniec miesiąca siódmego,
drugi w dziewiątym wyjdzie z matki łona;
ten mniejszy chłopiec ma ojca większego,
za to ten większy – zupełnie odwrotnie.
Teraz już wiecie?! O honor Alkmeny
mój ojciec zadbał i aby dwukrotnie
bólu porodu nie płaciła ceny,
obu urodzi przy jednym powiciu.
Więc nikt Alkmenie zdrady nie zarzuci,
a tajne schadzki zostaną w ukryciu,
ale Amfitrion, kiedy już powróci,
pozna rzecz całą. Lecz to jej nie splami,
bo nie zrobiła Alkmena nic złego.
Bóg nie obarczy swoimi grzechami
tej śmiertelniczki. Ale dosyć tego.

Oglądając się na drzwi

Drzwi skrzypią. Widać pseudo-Amfitriona,
a przy nim żona, ale... pożyczona.

Jowisz pod postacią Amfitriona wychodzi z Alkmeną na ulicę.
Merkury chowa się w głębi sceny.

Scena 3

Jowisz
do Alkmeny

Bądź mi zdrowa, Alkmeno. Miej o dom staranie,
lecz oszczędzaj się proszę, myśl o swoim stanie.
Ja znowu muszę odejść, rozumiesz to przecież.
Lecz chociaż mnie nie będzie, ty wznieś w górę dziecię,
dając znak, że tym samym i ja je uznaję.

Alkmena
Jakże to? Co się stało? Dokąd się udajesz?
Tak śpiesznie dom opuszczasz...

Jowisz
Na Polluksa! Słowo,
że nie nudzę się w domu, nie nudzę się z tobą,
ale kiedy dowódcy nie ma przy żołnierzach,
mogą się zdarzyć rzeczy, których nie zamierza;
i częściej się zdarzają od tych, co planuje.

Merkury
w głębi sceny, do widzów, wskazując na Jowisza

Cóż to za uwodziciel! Jak ją oszukuje!
Przypatrzcie mu się dobrze! Niełatwo kobiecie
oprzeć się jego słówkom – to mój ojciec przecież!

Alkmena
Na Kastora! Dziś widzę, jak kochasz swą żonę.

Jowisz
Do nikogo tak wielką miłością nie płonę!

Merkury
w głębi sceny, na stronie

Gdyby cię twoja żona mogła tu usłyszeć!!!
Wolałbyś Amfitrionem już być niż Jowiszem.

ALKMENA

Spraw, bym czuła twą miłość, nie ze słów ją znała.
Ledwie ogrzałeś łoże ciepłem twego ciała,
już odchodzisz. A przecież przyszedłeś dziś w nocy.
760 Myślisz, że to w porządku?

MERKURY

w głębi sceny, na stronie

Udzielę pomocy
memu ojcu – pochlebstwa mam już ułożone:

podchodząc do Alkmeny

nie ma człowieka, który kochałby swą żonę
bardziej niźli

wskazując Jowisza

on ciebie. Z miłości wariuje...

JOWISZ

do Merkurego, groźnie

Myślisz, że ciebie nie znam? Idź, bo pożałujesz!
765 Co cię mogą obchodzić te sprawy, to nie wiem.

Zamierzając się

Jedno słowo, a berłem...

ALKMENA

do Jowisza

Nie unoś się gniewem.

JOWISZ

do Merkurego

Piśnij choć jedno słówko!

MERKURY

w głębi sceny, na stronie

Chciałem się przysłużyć,
a prawie oberwałem...

JOWISZ
do Alkmeny

Czemu czoło chmurzysz
i gniewasz się, że idę? Przecież te godziny
770 wykradłem swym żołnierzom, by tobie nowiny
jako pierwszy ogłosić, że wojna skończona.
Gdybym cię tak nie kochał, byłbym przy legionach. 525

MERKURY
w głębi sceny, na stronie, do widzów

A nie mówiłem? Drżącą muśnięciem ukoi.

JOWISZ
do Alkmeny

Lecz teraz muszę odejść, by żołnierze moi
775 niczego nie spostrzegli; bo tak każdy przyzna,
że moja żona droższa jest mi niż ojczyzna.

ALKMENA
Lecz we łzach ją zostawiasz.

JOWISZ
Otrzyj już powieki.
Wrócę tu zaraz.

ALKMENA
„Zaraz" – to dla mnie są wieki. 530

JOWISZ
Opuszczać cię... odchodzić... – wcale nie jest miłe.

ALKMENA
z ironią

780 Czyżby? Tej samej nocy, której się zjawiłeś,
tej samej już odchodzisz!

JOWISZ
Utrudniasz rozstanie.

Czas na mnie. Chcę wyjść z miasta, zanim świt nastanie.

Podając Alkmenie kielich

To jest kielich Ptereli. Ja za swą odwagę 535
otrzymałem go w darze – dziś w twe ręce kładę.

ALKMENA

785 Szczodrość i hojność zawsze były twym zwyczajem.
Na Kastora, dar godny tego, kto go daje!

MERKURY
do Alkmeny

O, nie! Raczej dar godny tej, co go otrzyma.

JOWISZ
do Merkurego, z gniewem

Pójdziesz stąd?! Czy na ciebie, łotrze, rady nie ma?

ALKMENA
do Jowisza

Nie chcę, byś się na Sozję przeze mnie tak złościł. 540

JOWISZ
do Alkmeny

790 Zrobię, co tylko zechcesz.

MERKURY
w głębi sceny, na stronie

Wścieka się – z miłości!

JOWISZ

Bądź zdrowa!

ALKMENA

O, ja raczej wolę być kochana.
Choć ty będziesz daleko, a ja tutaj sama,
pamiętaj – jestem twoja!

MERKURY
do Jowisza

Czas w drogę! Już świta!

JOWISZ
do Merkurego

Idź naprzód!

Merkury odchodzi w stronę portu, w lewo.
Do Alkmeny

Bądź mi zdrowa!

ALKMENA

Życz mi, bym powitać
795 cię mogła jak najprędzej.

JOWISZ

Tak, jak chcesz, się stanie;
prędzej nawet, niż myślisz. Nie martw się, kochanie. 545

Alkmena wchodzi do domu.
Do Nocy, wołając

Hej Nocy, coś tak długo dla mnie pracowała!
Niech Dzień cię znów zastąpi, aby ludzkość cała
zaznała trochę światła.

Do siebie

Dzień o tyle skrócę,
800 ile Noc była dłuższa; w ten sposób przywrócę
dawny rzeczy porządek. Tak więc niech po Nocy
Dzień nastanie. Ja muszę za Merkurym kroczyć. 550

Jowisz odchodzi w stronę portu.

Akt II

Scena 1

Od strony portu nadchodzi Amfitrion w towarzystwie Sozji, który niesie skrzynkę z zamkniętym w niej kielichem króla Ptereli. Za nimi podążają objuczeni bagażami Niewolnicy.

Canticum

AMFITRION

Bądź tu przy mnie, niech cię widzę!

SOZJA

Idę... idę...

AMFITRION

805 Tyle z tobą mam problemów!

SOZJA

A to czemu?

AMFITRION

Pleciesz o tym tysiąc razy,
a to się nie mogło zdarzyć!

SOZJA

Znam cię, panie!
810 Według ciebie każdy kłamie! 555

AMFITRION

Mam znieść drwiny niewolnika?
Będziesz, draniu, bez języka.

SOZJA

Jak chcesz, panie!
Tu się liczy twoje zdanie,
815 lecz nie zamkniesz mi ust siłą – 560
powiem, co tu się zdarzyło.

AMFITRION

Więc ty w domu jesteś teraz?

SOZJA
Prawda szczera!

AMFITRION
Dopilnuję – skończysz w mękach!

SOZJA
Jam w twych rękach.

AMFITRION
Ty drwisz ze mnie – w jednej porze
nikt w dwóch miejscach być nie może.

SOZJA
Prawdę całą
mówię o tym, co się stało.

AMFITRION
No, to Jowisz ci pokaże!

SOZJA
Za co mam podlegać karze?

AMFITRION
Jeszcze pyta!
A kto pana drwiną witał?!

SOZJA
Gdybym zadrwił... ale, panie,
to się stało, ja nie kłamię!

AMFITRION
Piłeś może?

SOZJA
Ach, daj boże!
Tak by się chciało!

AMFITRION
Jeszcze masz mało?
I gdzież była ta hulanka?

SOZJA

Nie zajrzałem dziś do dzbanka!

AMFITRION

Niech mi ktoś powie,
co to za człowiek?

SOZJA

Już mówiłem dziesięć razy:
jestem w domu – nie słyszałeś? –
i ten sam tu jestem z tobą.
Czy dość jasno powiedziałem?

AMFITRION

Idź, zakało!

SOZJA

Co się stało?

AMFITRION

Ty jesteś chory!

SOZJA

Zdrów do tej pory!
Nic nie boli mnie kompletnie,
czuję się po prostu świetnie.

AMFITRION

Jak lanie sprawię –
zdrowia pozbawię.
Niech do domu tylko wrócę,
poznasz, jakim gniewem dyszę.
Teraz chodź tu, i niech więcej
o tych bredniach już nie słyszę.
Nie dość, że nie zrobiłeś tego, co kazałem,
to jeszcze śmiesz kpić ze mnie? Rzeczy niebywałe,
o których nikt nie słyszał, wciskasz mi tu, łotrze?
Sprawię, że każde kłamstwo o skórę się otrze!

SOZJA

Niewolnikowi bieda najgorsza się trafi,
gdy pan i argumenty, i grzbiet zbić potrafi.

AMFITRION
Jak to możliwe – pomyśl – byś mógł w domu siedzieć
i być tu teraz ze mną? Mów, bo chcę to wiedzieć!

SOZJA
Ja jestem tam i tutaj – uwierz mi, mój panie.
Nie bardziej to jest dziwne dla ciebie niż dla mnie.

AMFITRION
Co ty mówisz?

SOZJA
           Że mina u obu zdziwiona!
Na bogów! Nie wierzyłem, póki nie przekonał
mnie, Sozji, ten ja Sozja. On ze szczegółami
przedstawił całą walkę z naszymi wrogami.
Moją miał postać, imię... I mam też powody,
by uważać, że bardziej niż dwie krople wody
ja sam byłem podobny do samego siebie!
A kiedy mnie wysłałeś, by żonie powiedzieć...
i ja przed świtem z portu...

AMFITRION
           To co?

SOZJA
                    To przed domem
już stałem, nim przyszedłem.

AMFITRION
                    To brednie szalone!
Czy ty się dobrze czujesz?

SOZJA
                No, to widać przecież!

AMFITRION
Odkąd cię tu wysłałem, same bzdury pleciesz!
Widać czyjaś zła ręka mi cię odmieniła.

SOZJA
Ręka?! Ach, żeby ręka – ale to pięść była!

AMFITRION

Któż cię zbił?

SOZJA

Ja sam siebie; ten ja, co jest w domu.

AMFITRION

880 Mów tylko, o co pytam, a nie pleć andronów.
Któż ten Sozja?

SOZJA

Niewolnik – z tych, co tobie służą.

AMFITRION

Ja mam ciebie jednego, i to już za dużo. 610
Jak żyję, innych Sozji nie miałem prócz ciebie.

SOZJA

No, to zaraz ci powiem, musisz bowiem wiedzieć,
885 że jeszcze drugi Sozja po twym domu chodzi:
z tego samego ojca, co ja, się wywodzi,
moją ma także postać i mój wiek do tego.
Czy muszę więcej mówić? Masz mnie podwójnego! 615

AMFITRION

Wprost trudno w to uwierzyć. Widziałeś mą żonę?

SOZJA

890 Przecież wejście do domu było mi wzbronione!

AMFITRION

A kto ci wejść zabronił?

SOZJA

Sozja, ten, co w glebę
chciał mnie wdeptać – pamiętasz?

AMFITRION

Sozja? Co za jeden?

SOZJA

No, ten ja! Już mówiłem. Ile jeszcze razy
trzeba ci to powtarzać?

AMFITRION
Powiedz bez obrazy –
może ci się to śniło?

SOZJA
Na pewno nie śniłem!

AMFITRION
Może jakiegoś Sozję we śnie zobaczyłeś?

SOZJA
z ironią

No pewnie! I z rozkazem także szedłem we śnie?!
Nie spałem, a widziałem, tak jak teraz nie śnię,
gdy tu z tobą rozmawiam. I wcale nie spałem,
gdy od niego – nie we śnie – pięścią w pysk dostałem.

AMFITRION
Co? Od kogo?

SOZJA
Od Sozji, ode mnie – tamtego!
Czy już teraz rozumiesz?

AMFITRION
Do licha ciężkiego,
a któż zrozumie brednie, którymi mnie raczysz?!

SOZJA
Zrozumiesz, kiedy Sozję tamtego zobaczysz.

AMFITRION
Najpierw chodź ze mną, trzeba wyjaśnić te czary,
potem niech wyładują ze statku towary.

SOZJA
Dopilnuję i wszystko, jak chcesz, tak się stanie.
Nie wypiłem wraz z winem twych rozkazów, panie.

AMFITRION

Oby dobrzy bogowie sprawili swą siłą,
że wszystko, co mówiłeś, jedynie snem było.

*Amfitrion i Sozja kierują się ku domowi. Stają jednak
w pewnej odległości, gdy w drzwiach pojawia się Alkmena.*

Scena 2

W drzwiach domu staje Alkmena, nie widzi jednak Amfitriona i Sozji.

Canticum

ALKMENA

Tak mało radości w życiu,
a zmartwień tak wiele za to.
Z rozkazu bogów za szczęście
rozpacz i żal jest zapłatą;
im więcej dobrego,
tym więcej smutków potem z tego.
    Mnie także zły los doświadczył.
Raz szczęście było mi dane:
widziałam męża tej nocy,
opuścił mnie znów nad ranem.
Zostałam tu sama,
bez niego, mojego kochania.
Bardziej, odchodząc, zasmucił,
niż przyjściem swym mnie ucieszył.
Jedyna nagroda,
że rozgromił wroga
i w sławie do domu powrócił.
    Więc niech odchodzi, gdy trzeba,
i w chwale do domu wraca.
Ja zniosę rozstanie,
bo sławnym się stanie;
i więcej mi nic już nie trzeba.
Męstwo to cnota nad cnoty,
nad całą resztą góruje,
w męstwie ocalenie,
wolność, życie, mienie,
przy nim kwitną inne przymioty.

AMFITRION
do Sozji

Wierzę, że kochająca i kochana żona
z miłością mnie na progu powita stęskniona.
Zwłaszcza że wróg pobity, a nikt w to nie wierzył,
że można go pokonać. Ja wiodłem żołnierzy
i pod moim dowództwem zwyciężyli wroga
od razu, w pierwszym starciu. Moja żona droga
czeka na mnie stęskniona... wygląda z daleka...

SOZJA

A ty myślisz, że na mnie kochanka nie czeka?

ALKMENA
widząc Amfitriona, do siebie

Czy to mój mąż?

AMFITRION
do Sozji

Chodź ze mną.

ALKMENA
do siebie

Przyszedł tu z powrotem?
Mówił mi, że się śpieszy. Czyżby miał ochotę
mnie wybadać i sprawdzić, czy już się stęskniłam?
Szybkość, z jaką się zjawia, nie jest mi niemiła.

SOZJA
do Amfitriona

Lepiej będzie powrócić znów do portu, panie.

AMFITRION
do Sozji

Po co?

SOZJA
Nikt tu nie czeka na nas ze śniadaniem.

AMFITRION
Co ci przyszło do głowy?

SOZJA
Jesteśmy spóźnieni.

AMFITRION
Co?

SOZJA
wskazując brzemienną Alkmenę

Sądząc po Alkmenie, wszyscy – najedzeni.

AMFITRION
Odchodząc, zostawiłem ją w odmiennym stanie.

SOZJA
O ja biedny, przepadłem! To mi się dostanie!

AMFITRION
Co ci?

SOZJA
Że też do domu właśnie wtedy wracam,
gdy przy noszeniu wody jest największa praca!
Wszak to dziewiąty miesiąc według twych obliczeń.

AMFITRION
Nie martw się!

SOZJA
z ironią

Oczywiście, nie martwię się niczym!
Jak się dorwę do wiadra... zanim nie zobaczę
dna studni, to nie spocznę. Gdy będzie inaczej,
nie wierz w żadne me słowo, choćby pod przysięgą.

AMFITRION
Innym zlecę tę pracę. Nie martw się. Chodź ze mną.

ALKMENA
do siebie

Powinnam chyba podejść.

AMFITRION
podchodząc, do Alkmeny

965 Amfitrion pozdrawia
swoją najdroższą żonę, którą on uważa
za najlepszą ze wszystkich, a sami Tebanie
rozgłaszają jej cnoty. Czyś zdrowa, kochanie?
Czekasz na mnie stęskniona?

SOZJA
z ironią, do siebie

Już z większą tęsknotą
to chyba nikt nie czekał. Pozdrawia z ochotą,
970 z jaką się kundla wita.

AMFITRION
Serce się raduje,
gdy widzę twoją krągłość.

ALKMENA
Czemu tak żartujesz
i witasz mnie, jak gdybyś dopiero w tej chwili
z wojny do domu wracał, jakbyśmy nie byli
wcześniej razem ze sobą?

AMFITRION
Ja dopiero teraz
975 pierwszy raz ciebie widzę.

ALKMENA
Czemu się wypierasz?

AMFITRION
Bo umiem tylko prawdę mówić, moja żono.

ALKMENA

Nieładnie zapominać, czego cię uczono.
Czy to jest jakiś podstęp i wy mnie sprawdzacie,
co kryję w swoim sercu? Tak szybko wracacie...
Czy coś cię zatrzymało: burza lub zły omen?
Czy nie musisz być teraz ze swoim legionem,
jak niedawno mówiłeś?

AMFITRION

„Niedawno"? Lecz powiedz –
jak dawno to „niedawno"?

ALKMENA

Och, żarty ci w głowie!
„Niedawno" to „przed chwilą".

AMFITRION

Ale co się stało,
że mówisz mi „przed chwilą"?

ALKMENA

Myślisz, że tak śmiało
żartowałabym z ciebie, jak ty tu kpisz ze mnie,
udając powrót z wojny, gdy właśnie ode mnie
odszedłeś przed chwileczką.

AMFITRION

To brednie nie lada!

SOZJA

z gestem oznaczającym nadużycie trunków

Poczekaj, aż się wyśpi!

AMFITRION

Więc tak przez sen gada?
Lecz przecież wcale nie śpi!

ALKMENA

Nie śpię i nie spałam,
gdy mówiłam, że ciebie i Sozję widziałam
dziś przed świtem.

AMFITRION

Gdzie?

ALKMENA

wskazując drzwi pałacu

Tutaj! Tu, przed tymi drzwiami.

AMFITRION

Nieprawda!

SOZJA

Lepiej zamilcz, bo może z przystani 700
okręt we śnie nas przyniósł?

AMFITRION

Ty trzymasz jej stronę?

SOZJA

995 Dziwisz się? Czy ty nie wiesz, jak bardzo szalone
są bachantki? Gdy zechcesz mieć odmienne zdanie,
z szalonej jeszcze bardziej szaloną się stanie –
zacznie gęsto okładać; nie będziesz się stawiać – 705
to raz tylko dostaniesz.

AMFITRION

Czy ja nie mam prawa
1000 narzekać, że mnie dzisiaj nie chciała powitać?

SOZJA

Drażnisz osę!

AMFITRION

do Sozji

Milcz lepiej!

Do Alkmeny

Chciałbym cię zapytać...

ALKMENA

Pytaj mnie, o co zechcesz.

AMFITRION
Głupota czy pycha cię opętała?

ALKMENA
Jak to?

AMFITRION
Zawsze, aż do dzisiaj,
miałaś zwyczaj mnie witać jak cnotliwe żony,
lecz widzę, że ten zwyczaj został zarzucony.

ALKMENA
Na Kastora, ja wczoraj tutaj cię witałam,
ściskałam twoje ręce... usta całowałam...

SOZJA
do Alkmeny

Ty go wczoraj witałaś?

ALKMENA
Witałam was obu.

SOZJA
Myślałem, Amfitrionie, że w chwili porodu
da ci syna, lecz widzę, że wzrasta w jej łonie
nie dziecko...

AMFITRION
...a co?

SOZJA
...wściekłość! Jak niezdrowo płonie!

ALKMENA
Zdrowa jestem i proszę bogów, by mi dali
zdrowe dziecko. A ciebie nic już nie ocali!
Za te złe przepowiednie dostaniesz po grzbiecie.
Takie ziółko mam w domu!

SOZJA
Ziół ci trzeba przecież!
Bo właśnie w twoim stanie zioła pić należy.

AMFITRION
Wczoraj tu mnie widziałaś?

ALKMENA
Jeśli ci zależy, 725
dziesiąty raz powtórzę: tu ciebie widziałam!

AMFITRION
Może we śnie to było?

ALKMENA
Nie, wcale nie spałam,
i ty także nie spałeś.

AMFITRION
Co ja zrobię teraz!
Żona mi zwariowała.

SOZJA
To tylko żółć wzbiera;
wszak nic szybciej niż ona w szał nie wprawia ludzi.

AMFITRION
do Alkmeny

A gdzie najpierw poczułaś, że ten szał się budzi?

ALKMENA
Jestem cała i zdrowa.

AMFITRION
Więc czemu dowodzisz, 730
że mnie wczoraj widziałaś? A przecież na łodzi
spędziłem tę noc całą, tam jadłem i spałem...
Nie wracałem do domu, odkąd się wybrałem
z legionami na wojnę, by wrogów pokonać.

ALKMENA
Przecież tu ze mną jadłeś, spałeś w mych ramionach. 735

AMFITRION

1030 Co? Jak to?

ALKMENA

Mówię prawdę.

AMFITRION

Ale nie w tej sprawie.
O innej zaś nic nie wiem.

ALKMENA

Już świtało prawie,
gdy wróciłeś do wojska.

AMFITRION

Co też ona gada?!

SOZJA

do Amfitriona

Mówi ci, co pamięta: sen swój opowiada.

Do Alkmeny

Za ten sen tak proroczy, gdy już wstałaś, pani,
1035 czy złożyłaś ofiarę Jowiszowi w dani? 740
Zapaliłaś kadzidło?

ALKMENA

do Sozji

Zaraz twoja głowa...

SOZJA

To twoja... w tym być musi, jeżeli te słowa,
że czcisz boga, są prawdą.

ALKMENA

do Amfitriona

Znów mówi zuchwale,
a żadna kara za to nie spotka go wcale.

AMFITRION
do Sozji

1040 Zamilcz.

Do Alkmeny

A ty mi powiedz – więc stąd... tu... od ciebie...
odszedłem dzisiaj rano?

ALKMENA

A kto mógł powiedzieć
mi o całej tej bitwie, jeśli nie wy sami?

AMFITRION

Więc już wiesz?

ALKMENA

...że wygrałeś bój z Telobojami, 745
że miasto zagarnąłeś, że króla zabiłeś.
1045 Od ciebie wiem to wszystko.

AMFITRION

Ja ci to mówiłem?

ALKMENA

Ty sam! Sozja stał obok, więc mi nie zaprzeczy.

AMFITRION

Słyszałeś, żebym dzisiaj mówił takie rzeczy?

SOZJA

Gdzie niby miałem słyszeć?

AMFITRION

Ją spytaj, niech powie!

SOZJA

Przy mnie nic się nie działo.

ALKMENA

On przeciwko tobie
1050 nie będzie przecież świadczyć.

AMFITRION
                Sozjo, spójrz mi w oczy.

SOZJA
Patrzę.

AMFITRION
  Mów prawdę! Nie kłam! Słyszałeś, bym w nocy mówił jej coś z tych rzeczy, którymi nas wita?

SOZJA
Teraz ty zwariowałeś, jeśli o to pytasz.
Po raz pierwszy ją widzę, tak jak i ty, panie.

AMFITRION
No i co? Czy słyszałaś?

ALKMENA
                Słyszałam – jak kłamie!

AMFITRION
I mnie nawet nie wierzysz? Mężowi własnemu?

ALKMENA
Najbardziej wierzę sobie, więc mi teraz nie mów,
że tak wcale nie było, jak ci powiedziałam.

AMFITRION
Więc twierdzisz, że tu byłem? Wczoraj mnie widziałaś?

ALKMENA
A ty mówisz, że dzisiaj stąd nie odchodziłeś?

AMFITRION
Dopiero co przyszedłem, wcześniej tu nie byłem.

ALKMENA
Zaprzeczasz, że mi dzisiaj dałeś kielich złoty,
o którym mi mówiłeś?

Amfitrion
Nie mówiłem o tym
ani ci go nie dałem, choć miałem to w planie;
i dalej mam ten zamiar – dam ci go, kochanie.
Ale skąd ty wiesz o tym?

Alkmena
Od ciebie słyszałam
i złoty kielich także od ciebie dostałam.

Amfitrion
Zaraz, zaraz, powoli...

Do Sozji

Ja jestem zdziwiony,
skąd wie o tym kielichu. Czy ty do mej żony
nie wybrałeś się wcześniej, relacji nie zdałeś?

Sozja
Niczego nie mówiłem, bo jej nie widziałem.

Amfitrion
A więc co się jej stało?

Alkmena
Chcesz kielich zobaczyć?

Amfitrion
Chcę widzieć!

Alkmena
do niewolnicy w głębi domu

Hej, Tessala, kielich, którym raczył
mnie mąż dziś obdarować, przynieś tutaj do mnie.

Amfitrion
biorąc Sozję na stronę

Wiesz, co prócz innych rzeczy zdziwi mnie ogromnie?
Jeżeli się okaże, że ona ma kielich!

SOZJA

Ty chyba w to nie wierzysz?! Myśmy go zamknęli
w tej skrzynce, co pieczęcią twą jest opatrzona.

AMFITRION

A czy pieczęć jest cała?

SOZJA

Sprawdź i się przekonaj!

AMFITRION

Jest tak, jak zostawiłem.

SOZJA

Dręczy mnie pytanie:
dlaczego jej nie leczysz? Wszak to opętanie!

AMFITRION

Trzeba będzie tak zrobić, bo jej biedna głowa
pełna duchów, demonów...

*Tessala przyniosła i podała kielich Alkmenie,
która pokazuje go Amfitrionowi.*

ALKMENA

Czy potrzebne słowa?
Oto twój kielich!

AMFITRION

sięgając po niego

Pokaż!

ALKMENA

Weź, przyjrzyj się z bliska!
Dalej będziesz zaprzeczał, choć rzecz oczywista?
Publicznie cię przekonam, by wszyscy wiedzieli!

Wskazując kielich

Czy to dostałeś w darze? Czy to jest ten kielich?

AMFITRION
Jowiszu, co ja widzę! To przecież ten właśnie!
Już przepadłem, mój Sozjo.

SOZJA
Albo to są baśnie
i ona w nich czaruje... lub kielich

wskazując na swoją skrzynkę

tu leży.

AMFITRION
Otwieraj szybko skrzynkę!

SOZJA
Nie wiem, czy należy –
pieczęć ciągle jest cała, wcale nieruszona,
i wszystko dobrze idzie, bo ty Amfitriona
drugiego dziś wydałeś, ja Sozję drugiego,
a teraz jeszcze kielich dołączył do tego
i zrodził drugi kielich. Jest więc sprawa taka,
że każdy się podwoił – każdy ma bliźniaka.

AMFITRION
sięgając do skrzynki

Muszę zajrzeć i sprawdzić.

SOZJA
Spójrz, że pieczęć cała;
żeby wina po mojej stronie nie leżała.

AMFITRION
Otwieraj, bo do szału ona mnie przywiedzie!

ALKMENA
Skąd więc miałabym kielich, jeśli nie od ciebie?

AMFITRION
Muszę tę rzecz wybadać.

SOZJA
Och! Klnę się Jowiszem...

AMFITRION
Co tobie?

SOZJA
Kielich zniknął!

AMFITRION
Czy ja dobrze słyszę?!

SOZJA
Naprawdę!

AMFITRION
Jak nie znajdziesz, to ja ci pokażę!

ALKMENA
wskazując na przyniesiony kielich

1105 Lecz on się właśnie znalazł!

AMFITRION
Kto ci go dał w darze?

ALKMENA
Ten, kto mnie o to pyta.

SOZJA
Proszę – chcesz mnie złapać!
Zdążyłeś tu w sekrecie ze statku przyczłapać, 795
wyjąć kielich ze skrzynki, obdarować żonę
i zalakować skrzynkę, więc nienaruszone
1110 pieczęci znów są na niej...

AMFITRION
Zginąłem! Umieram!
Teraz już jedno drugie w szaleństwie popiera!

Do Alkmeny

Więc powtarzasz, że wczoraj tutaj się zjawiłem?

ALKMENA
To prawda! Powitanie było bardzo miłe.
Całowałeś me usta...

AMFITRION
Co dalej? Zostałem?

ALKMENA
1115 Wziąłeś kąpiel...

AMFITRION
A potem, gdy się wykąpałem?

ALKMENA
Położyłeś się przy mnie.

SOZJA
Świetnie, doskonale!
Zapytaj o szczegóły!

AMFITRION
do Sozji

Nie przerywaj!

Do Alkmeny

Dalej!

ALKMENA
Przy uczcie obok siebie razem spoczywamy.

AMFITRION
Na tym samym posłaniu?

ALKMENA
Pewnie! Na tym samym.

SOZJA
1120 Oj, nie jestem tą ucztą wcale zachwycony.

AMFITRION
do Sozji

Daj jej mówić!

Do Alkmeny

Co potem?

ALKMENA

Ty byłeś zmęczony,
więc gdy już nasza uczta końca dobiegała,
poszliśmy do alkowy.

AMFITRION

Zaraz! Gdzie ty spałaś?

ALKMENA

Z tobą we wspólnym łożu.

AMFITRION

To jest wyrok na mnie!

ALKMENA

1125 Co ci?

AMFITRION

Ginę z twej ręki.

ALKMENA

Jakże to, kochanie?

AMFITRION

Już mnie tak nie nazywaj!

ALKMENA

Co ci?

AMFITRION

Ja umieram! 810
Gdy mnie nie było w domu, ktoś mi się dobierał
do żony.

ALKMENA

Na Kastora, czemu takie rzeczy
mój mąż mi dzisiaj mówi?

AMFITRION

Mąż?! Muszę zaprzeczyć!
1130 Już mnie tak nie nazywaj – to sprawa skończona.

SOZJA
Pewnie stał się kobietą i z męża jest żona!

ALKMENA
Czym sobie zasłużyłam, że tak mówisz do mnie? 815

AMFITRION
I ty mnie jeszcze pytasz?! Dziwię się ogromnie,
bo sama mi wyznałaś to, jak mnie skrzywdziłaś.

ALKMENA
1135 W czym ty widzisz swą krzywdę? W tym, że z tobą byłam?
Z tobą?... Ze swoim mężem?...

AMFITRION
ironicznie

Więc ty byłaś ze mną?!
Zuchwała bezwstydnico! Przynajmniej przede mną
mogłabyś choć udawać, gdy wstyd cię nie pali.

ALKMENA
Czynu, o którym mówisz, w mym rodzie nie znali. 820
1140 Ty chcesz mi dowieść zdrady bez dowodu w ręce?!

AMFITRION
Sozjo, czy mnie poznajesz?

SOZJA
Tak jakby! Mniej więcej!

AMFITRION
Powiedz, czy ja nie jadłem wieczerzy na statku?

ALKMENA
Na wszystko, co mówiłam, ja także mam świadków.

SOZJA
Nie wiem, co mam powiedzieć, bo może tu drugi 825
1145 jakiś Amfitrion podczas twej wojaczki długiej
zadbał o twoje sprawy i za ciebie prace

wszelkie tu wykonuje. Choć już głowę tracę
z powodu pseudo-Sozji, to bardziej się dziwię,
że jest drugi Amfitrion.

AMFITRION
        To cuda prawdziwe.
1150 Pewnie jakiś czarownik zmylił moją żonę.

ALKMENA
Przysięgam na Jowisza, na matkę – Junonę,
którą czczę i szanuję, że mojego ciała
niczyja ze śmiertelnych dłoń nie dotykała
oprócz ciebie jednego. Nic mnie nie zhańbiło.

AMFITRION
1155 Gdybyż to, o czym mówisz, szczerą prawdą było!

ALKMENA
Prawdę mówię, lecz widzę, że nie dajesz wiary!

AMFITRION
Kobiety przysięgają, nie bojąc się kary.

ALKMENA
Każda, jeśli niewinna, niech będzie zuchwała
i odważnie się broni!

AMFITRION
        Jesteś nadto śmiała!

ALKMENA
1160 Jak przystało niewinnej!

AMFITRION
        Słowa bez pokrycia.

ALKMENA
Mam nie tylko ten posag, którym to zazwyczaj
obdarzają dziewczynę – mam niewinność, skromność
i umiar w pożądaniu, szacunek, pobożność,
miłość dla swych rodziców, a z krewnymi zgodę,

Amfitrion ▪ Akt II Scena 2   *231*

1165 posłuszeństwo dla ciebie, i zawsze, gdy mogę,
hojna jestem dla dobrych, uczciwym pomagam...

SOZJA
To wzór doskonałości, jeśli prawdę gada.

AMFITRION
Tak mnie zaczarowała, że nie wiem, kim jestem.

SOZJA
Ty jesteś Amfitrionem, ale zadbaj jeszcze,   845
1170 by ktoś przez zasiedzenie nie zabrał ci ciała.
Masa ludzi ostatnio się tu pozmieniała.

AMFITRION
Na pewno zbadam sprawę, tak jej nie zostawię.

ALKMENA
Mnie też na tym zależy.

AMFITRION
A jeśli postawię
przed tobą Naukratesa, co na jednym statku   850
1175 pływał ze mną, i jeśli ten krewniak, w dodatku,
zaprzeczy, że tak było, jak ty powiedziałaś?
Jaką dla siebie wtedy karę byś wybrała?
Czy wynajdziesz przyczynę, by nie dać rozwodu?

ALKMENA
Jeżeli zawiniłam, nie znajdę powodu...

AMFITRION
1180 Więc zgoda!

Do Sozji, wskazując Niewolników z bagażami

Teraz, Sozjo, wprowadź ich do środka,
a ja wrócę na statek, bo muszę się spotkać
z Naukratesem i tutaj go przywieść z przystani.

Odchodzi w stronę portu.

SOZJA
do Alkmeny

Teraz, gdy jego nie ma i jesteśmy sami, 855
możesz prawdę powiedzieć i możesz być szczera.
1185 Jest jakiś drugi Sozja?

ALKMENA
Już się stąd zabieraj!
Jaki pan, taki sługa!

SOZJA
wchodząc do domu razem z Niewolnikami

Jak każesz, tak robię.

ALKMENA
do siebie

Jak mój mąż takie rzeczy mógł wymyślić sobie?!
Oskarżać mnie fałszywie?! O zdradę, nieczystość...?
Ale przyjdzie Naukrates i wyjaśni wszystko! 860

Wchodzi do domu.

Akt III

Scena 1

Jowisz nadchodzi od strony portu.

JOWISZ

do widzów

1190 Ja to „Amfitrion", lecz ten właśnie, który
ma na rozkazy Sozję – niewolnika
co, jeśli trzeba, staje się Merkurym.
Ja mieszkam w górze,

wskazując na niebo

tam, gdzie ta attyka.
Czasem, gdy zechcę, Jowiszem się staję, 865
1195 lecz tu przywdziewam szaty Amfitriona.
Z uwagi na was przedstawienie daję,
aby komedia mogła być skończona.
Najpierw z pomocą pośpieszę Alkmenie,
bo mąż niesłusznie oskarżył ją przecież. 870
1200 Czułbym się winien, gdyby to zdarzenie
mogło zaszkodzić niewinnej kobiecie.
Teraz, jak przedtem, zagram Amfitriona
i będę sprawcą zamętu w rodzinie, 875
lecz rzecz wyjaśnię i sprawię, że żona
1205 w jednym porodzie, co bez bólu minie,
zrodzi dwóch synów: jeden z nich jest moim,
drugi jest męża. Niech Merkury stoi 880
przy moim boku, czeka na zlecenia.

W drzwiach pojawia się Alkmena.

Teraz z Alkmeną mam do pomówienia.

Scena 2

Alkmena wychodzi przed dom. Jowisz ukryty z boku przysłuchuje się jej słowom.

ALKMENA

do siebie

1210 Nie mogę sobie w domu miejsca znaleźć.

Jak mógł oskarżyć mnie mój mąż o zdradę?!
Faktom nie wierzy i powtarza stale:
„To niemożliwe"! Czyny, z których żaden
nigdy nie splamił mojego imienia,
on mnie zarzuca! I pewnie uważa,
że to jest dla mnie całkiem bez znaczenia!
Nie, na Polluksa, nie dam się obrażać
i bezpodstawnie oskarżać o zdradę!
Albo wszystkiemu natychmiast zaprzeczy,
albo go rzucę, zostawię, wyjadę!
Chyba że zaraz odwoła te rzeczy,
te posądzenia; i przeprosi jeszcze!

JOWISZ
do siebie

Cóż, muszę zrobić tak, jak ona zechce,
jeżeli pragnę, by mnie znów kochała.
Wprawdzie przeze mnie dziś na Amfitriona
spadły kłopoty i bieda niemała –
cierpiał niewinnie, za to jego żona
swój gniew na męża – na mnie wyładuje
i ja, niewinny, rzecz odpokutuję.

ALKMENA
widząc Jowisza

Widzę, że idzie ten, co mnie pomawia
o jawną zdradę.

JOWISZ
Chciałbym porozmawiać.
Czemu odwracasz się zaraz tak sroga?

ALKMENA
To odruchowo, bo bym nie ścierpiała
patrzeć na wroga.

JOWISZ
Jakiego znów wroga?

Alkmena

Pewnie, że wroga. Prawdę powiedziałam,
chyba że znowu powiesz, że ja kłamię.

Jowisz
próbując ją objąć

Już się nie gniewaj!

Alkmena

O! Ręce przy sobie!
Jeżeli myśleć jesteś jeszcze w stanie,
to jestem pewna, że nie życzysz sobie
żadnej rozmowy – na serio i w żartach –
z kobietą, która w twej własnej opinii
jako bezwstydna nie jest ciebie warta.
Chyba, żeś osioł!

Jowisz

Lecz to cię nie czyni
wcale bezwstydną, choć tak powiedziałem.
Nawet w ten sposób nie myślę o tobie!
Wróciłem tutaj, by zdarzenie całe
wreszcie wyjaśnić. I jeszcze ci powiem,
że nic mnie nigdy tak nie zasmuciło,
jak to, że jesteś na mnie zagniewana.
Spytasz: „Więc czemu...?". Powiem ci, jak było.
Nie wątpię przecież w twą wierność, kochana,
lecz chciałem ciebie trochę wypróbować –
jak też to przyjmiesz? To zabawa taka,
tylko dla żartu mówiłem te słowa.
Zapytaj Sozji.

Alkmena

Lecz mego krewniaka,
wiesz, Naukratesa, nie widzę przy tobie...
A sam mówiłeś, że przyjdzie ze statku...
że „gdzie ty byłeś" – on właśnie mi powie.
Czemu go nie ma? Więc gdzie masz tych świadków?

Jowisz

Nie bierz na serio, co mówiłem w żartach.

ALKMENA
Ja wiem, jak przez to me serce krwawiło.

JOWISZ
Proszę, już nie bądź tak w gniewie zażarta!
Błagam, zaklinam: zapomnij, co było!
Daj mi tę łaskę!

ALKMENA
Twoje oskarżenia
ja podważyłam swym życiem i cnotą.
Teraz, gdy żadnych dowodów już nie ma,
nie chcę być nawet podejrzana o to!
Żegnaj! Niech każdy idzie swoją drogą!
Oddaj mój posag. I może pozwolisz,
bym z twojej służby wzięła sobie kogoś?

JOWISZ
Ty zwariowałaś!

ALKMENA
Trudno! W mej niedoli
mam cnotę, która pójdzie ze mną wszędzie.

JOWISZ
Zaczekaj chwilę! Przysięgę ci złożę,
że wierzę w cnotę mej żony. W tym względzie
jeżeli kłamię, to ty, wielki boże,
wielki Jowiszu, zwróć na Amfitriona
swój gniew bez końca.

ALKMENA
Niech lepiej mu sprzyja!

JOWISZ
I tak też będzie – przysięga złożona!
Jeszcze się gniewasz?

ALKMENA
Nie, już gniew mi mija.

JOWISZ

To doskonale. Bo w życiu człowieka
wiele doświadczeń różnego rodzaju:
raz radość spada, potem smutek czeka,
w gniewie się ludzie ze sobą rozstają,
potem znów godzą... Jeśli się pokłócą,
a potem znowu do zgody powrócą,
to jeszcze mocniej będą się lubili.

ALKMENA

Nie należało tak ze mnie żartować,
lecz gdy gorąco przepraszasz w tej chwili,
to nie potrafię już urazy chować.

JOWISZ

Każ przygotować specjalne naczynie,
abym mógł złożyć ofiary dla bogów,
bo ślubowałem im, że tak uczynię,
gdy tylko dotrę do rodzinnych progów.

ALKMENA

Zadbam o wszystko.

JOWISZ

do służby wewnątrz domu

Sozja niech tu stanie!
Pójdzie do portu, aby Blefarona,
mego sternika, prosić na śniadanie.

Do siebie

Śniadania nie dam, lecz gdy Amfitriona
za gardło chwycę, to będziemy z niego
mieli zabawę.

ALKMENA

do siebie

Jest w tym coś dziwnego,
że tak po cichu sam z sobą rozmawia.
Ale drzwi skrzypią, Sozja już się zjawia.

Scena 3

Z domu wychodzi Sozja.

SOZJA

do Amfitriona

Jestem, panie. Z rozkazami
zaraz ruszę.

JOWISZ

do Sozji

Jesteś wreszcie!

SOZJA

Cóż to? Pokój między wami?
Jak się cieszę! Ach, uwierzcie,
że wprost radość mnie rozpiera,
kiedy widzę, że już zgoda;
bo niewolnik winien nieraz
zachowywać się, jak podam.
Niechaj sługa w pierwszym rzędzie,
tak jak jego państwo będzie,
wyraz twarzy dopasuje:
państwo smutni – on ponury,
gdy się cieszą – on świętuje.
A więc koniec awantury?!

JOWISZ

Ty kpisz ze mnie, bo wiedziałeś,
że mówiłem wszystko w żarcie.

SOZJA

Więc ty tylko żartowałeś?
Muszę przyznać więc otwarcie,
że na serio uwierzyłem,
sądząc, że to prawda szczera.

JOWISZ

Już rzecz całą wyjaśniłem
i dlatego pokój teraz.

Sozja

Doskonale.

Jowisz

Zaraz złożę
wota bogom przyrzeczone.

Sozja

Bardzo słusznie.

Jowisz

do Sozji

Idź nad morze
i wróć tutaj z Blefaronem,
z mym sternikiem; po ofiarach
chcę z nim razem zjeść śniadanie.
Lecz się pośpiesz, wracaj zaraz!

Sozja

odchodząc w stronę portu

Wrócę tutaj, gdy ty, panie,
będziesz myślał, że ja jeszcze
jestem w porcie.

Alkmena

wchodząc do domu

Będę w domu,
przygotuję to, co zechcesz.

Jowisz

do Alkmeny

Lecz nie zlecaj spraw nikomu,
bo na twoją kładę głowę,
by o wszystko się postarać.

Alkmena

Znajdziesz wszystko już gotowe,
choćbyś wrócił nawet zaraz.

Jowisz

1340 Mówisz jak żona – dobra, doświadczona.

Alkmena wchodzi do domu.

Sługa i pani mylą się oboje,
bo widzą we mnie wodza, Amfitriona.
Strasznie się mylą.

Wołając w przestrzeń, do Merkurego

Teraz w te podwoje,
ty, boski Sozjo, przybądź na wezwanie
1345 (choć cię tu nie ma, słyszeć jesteś w stanie).
Ty Amfitriona zatrzymaj przed drzwiami;
masz tych sposobów, że wprost ich nie zliczę.
Chcę, byś go zwodził, byśmy byli sami,
w chwili gdy żonę od niego pożyczę.
1350 Zadbaj, by wszystko według mojej woli
się ułożyło; staraj się, jak możesz.
I bądź znów przy mnie, jeśli czas pozwoli,
w chwili, gdy sobie sam ofiarę złożę.

Jowisz wchodzi do domu.

Scena 4

Gdy Jowisz znika w drzwiach domu, na końcu ulicy pojawia się Merkury. Biegnie, udając, że potrąca przechodniów.

Merkury

wrzeszcząc

Ruszać się! dalej z drogi! rozstąpić się! spadać!
1355 Nie ma chyba wariata, co by chciał zawadzać!

Do widzów

Bo kiedy jestem bogiem, czy mam mniejsze prawa
niż niewolnik w komediach z tłumem się rozprawiać?
On głosi: „Statek przybił", „Wraca ojciec w gniewie";
ja na rozkaz Jowisza tu przywlokłem siebie,

więc mi bardziej powinni ustępować z drogi,
bo na wołanie ojca wyciągam swe nogi,
posłuszny jego woli; i jestem dla niego,
jak dobry syn powinien być dla ojca swego.
Gdy kocha – służę, wspieram, zachęcam, pomagam;
jeśli ojciec ma radość, mnie większa przypada.
Zakochał się – i dobrze! Bowiem iść należy
za głosem swego serca. I tak, bądźmy szczerzy,
powinni robić wszyscy, lecz miarę zachować!
Ojciec chce z Amfitriona teraz zażartować.
Zobaczycie tu zaraz, jak ja zadrwię z niego:
włożę wieniec na głowę, udam pijanego;
wejdę na sam szczyt dachu, bo łatwiej mi będzie
z góry na niego krzyczeć, kiedy tu przybędzie.
Choć nie pił, da nam obraz, jakby wstał od dzbana.
Za to Sozja zapłatę odbierze od pana,
 który myśli, że go zwodzi
 w taki sposób własny sługa.
 Ale co to mnie obchodzi?!
 Ja tu jestem na usługach
 mego ojca, jemu przecież
 tu pomagam.

Spoglądając w stronę portu

 Widać w dali
 Amfitriona. Jeśli chcecie,
 to będziemy się tu śmiali
 z niego razem. Czas ubranie
 zmienić w jakiś strój pijaka.
 By zatrzymać go przy bramie,
 tam na górę

wskazując dach

dam drapaka.

*Merkury wchodzi do wnętrza domu, by przedostać się na dach,
i zamyka za sobą drzwi.*

Akt IV

Scena 1

Od strony portu nadchodzi Amfitrion.

AMFITRION

Naukratesa niestety nie było na statku
ani w domu, ni w mieście, i nikt też w dodatku
nie widział go i nie wie, gdzie go znaleźć mogę.
Przeszedłem całe miasto, znam każdy plac, drogę,
skwery, parki, ogrody, sklepy perfumiarzy,
targowiska i kramy wszystkich sklepikarzy,
boiska do zabawy... byłem u medyków,
odwiedziłem golarza i świątyń bez liku.
Ni śladu Naukratesa! Wrócę więc do domu
i raz jeszcze spróbuję wyciągnąć z niej, komu
oddała swoje ciało. Już lepsza śmierć nawet,
niż tak nierozwiązaną zostawić tę sprawę.

Podchodzi do drzwi i próbuje je otworzyć.

Zamknięte? Ładne rzeczy! Co jest z tymi drzwiami?!
Widzę, że tu nieszczęścia dziś chodzą parami.
Zapukam.

Waląc w drzwi

Hej, otwórzcie. Jest tam kto? Otwierać!

Scena 2

Na dachu pojawia się Merkury.

MERKURY

A kto tam?

AMFITRION

To ja jestem!

MERKURY

Przestań się wydzierać!

Co za „ja"?

Amfitrion
Przecież mówię.

Merkury
Jak nam drzwi połamiesz,
1405 bogowie sprawią zaraz, że dostaniesz lanie.

Amfitrion
Jak możesz!

Merkury
Wszystko mogę – dostaniesz za swoje!

Amfitrion
Sozja!

Merkury
Tak, jestem Sozją, to jest imię moje.
Myślisz, że zapomniałem?! Czego?

Amfitrion
Jak to „czego"? 1025
Łotrze, i ty mnie pytasz?!

Merkury
A cóż w tym dziwnego?
1410 Prawie drzwi wyłamałeś. Czy myślisz, bałwanie,
że one są państwowe? Co się gapisz na mnie?!
Gadaj, po co przyszedłeś, i powiedz mi jeszcze,
kim jesteś.

Amfitrion
Kim ja jestem? Ja ci grzbiet wypieszczę,
kij na twych plecach spłonie, biciem je rozpalę. 1030

Merkury
1415 Widzę, nie oszczędzałeś w swej młodości wcale.

Amfitrion
Jak to?

MERKURY
Bo jako starzec jesteś w takim stanie,
że dziś chodzisz po domach, prosząc... się o lanie.

AMFITRION
Twój obelżywy język spotka się dziś z karą.

MERKURY
Złożę ofiarę.

AMFITRION
Za co?

MERKURY
Ty będziesz ofiarą!

W tym miejscu tekst się urywa. Kilka fragmentów dotarło do naszych czasów dzięki przekazom i cytatom z dzieł innych autorów. Są to zazwyczaj wyrwane z kontekstu pojedyncze wypowiedzi, a ich kolejność jest dyskusyjna, stąd różna numeracja. Można jednak zrekonstruować zaginioną część fabuły. Awantura pomiędzy Amfitrionem a Merkurym sprowadza przed dom Alkmenę, która robi wyrzuty mężowi. Zjawia się Sozja z Blefaronem. Niewolnika spotyka złe przyjęcie ze strony Amfitriona za niedawną bezczelność Merkurego. Z domu wychodzi Jowisz, wywołując powszechną konsternację. Kochanek i mąż oskarżają się wzajemnie.

Oto zachowane fragmenty:

AMFITRION:	Doświadczysz tortur i krzyża, łajdaku!	*Fragm. I*
MERKURY:	Mój pan, Amfitrion jest zajęty.	*II*
MERKURY:	... jeszcze masz czas odejść.	*III (XV)*
MERKURY:	Masz prawo oberwać po głowie urną z prochami.	*IV (III)*
MERKURY:	Nie proś się, by ci dzban wody rozbić na głowie.	*V (IV)*
MERKURY:	Jesteś obłąkany. Na Polluksa, co za nieszczęście. Tu potrzebny medyk.	*VI (VII)*
ALKMENA:	Złożyłeś przysięgę, że żartem mi to mówiłeś.	*VII (XI)*
ALKMENA:	Musisz się leczyć z tej choroby: ty jesteś opętany albo zwariowałeś.	*VIII (XII)*
ALKMENA:	Jeśli się nie zdarzyło to, o czym sądzę, że jednak się zdarzyło, nie będę zaprzeczać stawianym mi oskarżeniom o zdradę.	*IX (XIII)*

AMFITRION:	O zdradę? Gdy mnie nie było, ty handlowałaś	
	swoim ciałem.	*X (XVI)*
AMFITRION:	Czym mi groziłeś, jeśli drzwi wyłamię?	*XI (V)*
AMFITRION:	Do kopania dołów! Ma być ponad sześćdziesiąt	
	dziennie!	*XII (VI)*
AMFITRION:	Nie wstawiaj się za tym łajdakiem.	*XIII (XVII)*
BLEFARON:	Pohamuj gniew!	*XIV (X)*
JOWISZ:	Tego haniebnego łotra chwyciłem na gorącym	
	uczynku.	*XV (IX)*
AMFITRION:	Nie, nie, Tebańczycy, to ja chwyciłem tego	
	potwora lubieżności, który zmusił moją żonę	
	do nierządu.	*XVI (X)*
AMFITRION:	Nie wstyd ci, łotrze, wystawiać się na widok	
	publiczny?	*XVII (VIII)*
AMFITRION:	...w tajemnicy.	*XVIII (XIX)*
JOWISZ /	Nie możesz rozstrzygnąć, który z nas	
AMFITRION:	dwóch jest Amfitrionem.	*XIX (XVIII)*

Scena 3

Przed domem stoi Amfitrion, Jowisz i sprowadzony przez Sozję Blefaron.

BLEFARON

1420 Wy sami to ustalcie, ja jestem zajęty. 1035
Idę.

Do siebie

Pierwszy raz widzę cud tak niepojęty.

AMFITRION

Blefaronie, nie odchodź! Bądź mym adwokatem.

BLEFARON

A cóż ci po prawniku, który nawet na tym
nie umie się rozeznać, komu z was ma służyć.
1425 Bądź zdrów.

Blefaron odchodzi w stronę portu.

JOWISZ

I ja tu także nie będę stał dłużej.
Alkmena właśnie rodzi, więc wejdę do środka.

Jowisz wchodzi do domu.

AMFITRION

Bez obrońców, przyjaciół... Jakiż los mnie spotkał?! 1040
Kimkolwiek jest, nie będzie bezkarnie się bawić –
ruszam prosto do króla, by fakty przedstawić.
1430 Szarlatana z Tessalii ma pomsta nie minie!
Tak namieszał dziś w głowie całej mej rodzinie...

Rozglądając się za Jowiszem

Ale gdzie on jest teraz? Pewnie u mej żony! 1045
Któż biedniejszy ode mnie?! Już jestem zgubiony!
Ludzie mnie nie poznają, wolą szydzić raczej.
1435 Mam plan! Wpadnę do domu i kogo zobaczę,
nieważne: niewolnika, kochanka czy żonę,
piastunkę, ojca, dziadka – dni ma policzone, 1050
bo zabiję na miejscu. Nikt mi nie zabroni –
żaden bóg, nawet Jowisz. A teraz... do broni!

*Z obnażonym mieczem kieruje się w stronę domu,
ale nagle rozlega się grzmot pioruna
i Amfitrion pada na ziemię.*

Akt V

Scena 1

*Amfitrion leży porażony piorunem. Z domu wychodzi Bromia,
ale nie widzi swego pana.*

Canticum

BROMIA

1440 Runęły me marzenia – miałam ich bez liku,
teraz wszystkie nadzieje w gruzach na śmietniku.
Wszechświat, ziemia i niebo, i morskie odmęty 1055
pragną mnie unicestwić, rozerwać na strzępy.
Co robić?! Takie cuda! Mdleję! wody! wina!
1445 Ja jestem załamana i jedna ruina –
huk mam w głowie, szum w uszach, ciemność przed oczyma
i ode mnie biedniejszej to już chyba nie ma. 1060
Takie się dziwne rzeczy zdarzyły dziś pani:
w czas porodu bogowie byli przyzywani
1450 i nagle trzask, prask, stuk, huk –
tak nagle, tak blisko, tak mocno grzmotnęło...
tam, gdzie kto stał, tam padł,
bo go uderzenie do ziemi przygięło.
Ktoś do nas wielkim głosem gdzieś z góry zawołał:
1455 „Już pomoc przychodzi,
gość z nieba nadchodzi, 1065
niech wstaną ci, co padli ze strachu dokoła".
Jak padłam, tak też wstałam. Myślałam – dom płonie.
Wtedy Alkmena woła, że mam podejść do niej;
1460 choć jestem przerażona, to bardziej się boję
gniewu mojej Alkmeny, więc gnam na pokoje.
Widzę, że urodziła dwóch chłopców – bliźnięta. 1070
Nikt z nas nie wie, jak, kiedy, nikt nic nie pamięta.
A tu to co? lub kto?
1465 Któż to tutaj leży pod naszymi drzwiami?
Ach, ja już dobrze wiem:
Jowisz go oślepił swymi piorunami.

Bromia, spostrzegłszy Amfitriona, podchodzi do niego.

A niech mnie piorun trzaśnie, leży jak nieżywy.
Toż to przecież Amfitrion, to mój pan – jak żywy. 1075

AMFITRION

1470 Umarłem!

BROMIA

Wstań!

AMFITRION

Zginąłem!

BROMIA
podając dłoń

Wesprzyj się na ręce!

AMFITRION

Ktoś ty?

BROMIA

Bromia, służąca.

AMFITRION

Cały aż się trzęsę.
Do zaświatów mnie wysłał Jowisz światłem gromu.
Co robisz na ulicy?

BROMIA

Wygnały mnie z domu
przerażenie i trwoga – bo cuda widziałam. 1080
1475 Biada mi, Amfitrionie! Aż się trzęsę cała.

AMFITRION

Czekaj! To ty uważasz mnie za Amfitriona?

BROMIA

Pewnie.

AMFITRION

Przypatrz się dobrze!

BROMIA

Rzecz to dowiedziona.

Amfitrion ▪ Akt V Scena 1　　　*249*

AMFITRION
do siebie

Z mej rodziny jedynie ona nie jest chora.

BROMIA
W domu wszyscy są zdrowi.

AMFITRION
　　　　　Więc ja do doktora
1480 pójdę, bo do szaleństwa żona mnie przywiedzie
swoimi występkami.

BROMIA
　　　　　Ja przekonam ciebie
i przyznasz, że twej żony nie obciąża wina.
Zaraz dam ci dowody, lecz najpierw nowina:
żona dała ci chłopców – masz bliźnięta, panie.

AMFITRION
1485 Co? Bliźnięta?

BROMIA
　　Bliźnięta!

AMFITRION
　　　　Lubią mnie niebianie!

BROMIA
Pozwól mi tylko mówić, a zaraz opowiem,
jak tobie i twej żonie sprzyjają bogowie.

AMFITRION
Mów.

BROMIA
　　Gdy żona poczuła, że poród już bliski,
zakrywa swoją głowę, wzywa bogów wszystkich
1490 i prosi, by jej w bólach ulżyli co nieco.
Nagle zewsząd pioruny z wielkim hukiem lecą:
myślałam, że dom wali się w gruzy z łoskotem,
a wszystko tak jaśniało, jak skropione złotem.

AMFITRION
Oszczędź mi tych porównań, dość się już bawiłaś.
Lepiej powiedz, co dalej.

BROMIA
Gdy ona rodziła,
nikt nie słyszał jej krzyków i też nie płakała.

AMFITRION
Bardzo cieszę się z tego, choć potraktowała
mnie dzisiaj tak paskudnie.

BROMIA
Nie martw się tym więcej,
lecz słuchaj: po porodzie trzeba nam czym prędzej
wykąpać niemowlęta. Ten, którego myłam,
taki wielki i mocny, że go żadna siła
nie zawinie w pieluchy.

AMFITRION
Rzeczy niestworzone!
Nie wątpię, że bogowie pomogli mej żonie,
jeśli to wszystko prawda, co mi opowiadasz.

BROMIA
Czekaj, sprawię, że zaraz zdziwisz się nie lada:
kiedy był już w kołysce, dwa węże z grzywami
wpełzły przez dach do środka, potrząsając łbami.

AMFITRION
Biada!

BROMIA
Nie bój się wcale. Spojrzały po wszystkich
i widząc chłopców, gnają prosto do kołyski.
Ja się cofam i wlokę kołyskę za sobą.
Strach o chłopców... o siebie... a węże, jak mogą,
tak jeszcze gniewniej suną. Wtem jeden z chłopaków,
widząc gady, z kołyski skoczył do ataku
i zaraz w każdej ręce już po jednym trzyma.

AMFITRION
Mówisz mi tu o cudach, o niezwykłych czynach,
twe słowa mnie przejęły dreszczem przerażenia.
Co potem?

BROMIA
Zabił węże jakby od niechcenia.
A ktoś wołał twą żonę – każdy z nas to słyszał.

AMFITRION
Co za człowiek ją wołał?

BROMIA
To był głos Jowisza,
ojca bogów i ludzi. Rzekł, że do twej żony
chodził tajemnie nocą, że z niego zrodzony
jest ten chłopiec, co zdusił dwa ogromne gady,
ten drugi jest twym synem.

AMFITRION
No cóż, nie ma rady,
ja nie będę narzekał, jeśli coś dobrego
mogę dzielić z Jowiszem. Idź do domu mego
i każ mi przygotować odpowiednią czarę.
Chcę złożyć Jowiszowi dziękczynną ofiarę,
by zyskać jego względy. Niech przyjdzie wróżbita,
niech przyjdzie tu Tejrezjasz, bo chcę go zapytać,
co powinienem zrobić. Wszystko mu opowiem.

Słychać grzmot pioruna.

Lecz co to? Grzmot pioruna?! Litości, bogowie.

Scena 2

Jowisz ukazuje się nad domem Amfitriona.

JOWISZ
Nie martw się, Amfitrionie, ja pomocą służę.
I nie bój się niczego, nie trzeba ci wróżek

ani też Tejrezjasza. Ja jestem Jowiszem,
więc ode mnie najlepiej będziesz mógł usłyszeć,
co było i co będzie. Ja Alkmeny ciało
posiadłem i sprawiłem, by na świat wydało
mego syna, lecz także z tobą w ciąży była,
nim odszedłeś na wojnę. A dziś urodziła
w jednym porodzie obu; ten ze mnie zrodzony
ciebie unieśmiertelni. Nie miej już do żony
dłużej żadnych pretensji – winić jej nie trzeba,
że mej mocy uległa. Odchodzę do nieba.

Jowisz znika.

Scena 3

AMFITRION

wołając za Jowiszem

Uczynię, jak mi każesz, lecz ty ze swej strony
nie zapomnij, coś przyrzekł.

Do siebie

A teraz do żony.

Zmierza ku drzwiom, tuż przed progiem odwraca się do widzów.

A wy, drodzy widzowie, przez wzgląd na Jowisza
dajcie gromkie oklaski – tak gromkie, by słyszał!

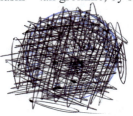

PRZYPISY*

ŻOŁNIERZ SAMOCHWAŁ

Akt I, Scena 1 – wszystkie oznaczenia kierunków podane są od strony widza. Sztuka zaczyna się od ekspozycji głównego bohatera, a rzeczywisty prolog przesunięty został do aktu II. Scena ta jest napisana w senarach jambicznych (⏑⊥ ⏑⊥ ⏑ ||⊥ ⏑ ||⊥ ⏑⊥ ⏑⊥), które stosowano w partiach mówionych, wykonywanych bez akompaniamentu muzyki (*diverbia*).
w. 4nn. NIECH SIĘ MOJA SZABLA JUŻ... NIE BOCZY – Basztoburz stosuje personifikację zarówno w stosunku do tarczy, jak i szabli. W przekładzie użyto apostrofy, aby tym bardziej podkreślić emocjonalny stosunek żołnierza do swego rynsztunku.
w. 12 WOŁEK W CHLEBIE – wołek zbożowy (łac. *curculio*) został przez Plauta wykorzystany nawet jako imię dla głodnego niewolnika, tytułowego bohatera jednej z komedii. Tutaj jest to zapewne żart lub ukryta aluzja, dziś prawie niezrozumiała. Można się jedynie domyślać, że żołnierz ocalił jakiegoś pasożyta, przeciwko któremu została wytoczona cała potęga militarna.
w. 13 WNUK NEPTUNA – niektórzy uczeni widzą tu aluzję do Antygona Gonatasa, króla Macedonii (początek III w. p.n.e.), który sam siebie nazywał właśnie synem Neptuna, ponieważ jego ojciec odnosił zwycięstwa w bitwach morskich. Inni natomiast, cytując Aulusa Gelliusza (*Noce attyckie* 15,21), uważają, że synami Neptuna zwano nieokrzesane i nieopanowane osoby o nieludzkim charakterze.
w. 14 MOCNIDES W-GĘBIDES – w oryginale nazywa się *Bumbomachides Clutomistharidysarchides*, czyli „Syn słynnego najemnego wodza, wal-

---

* W przypisach zastosowano numerację przekładu oraz następujący skrót tytułu komedii Plauta: *Żołn.* – *Żołnierz samochwał*.

cący w bitwie za pomocą krzyków i hałasu oraz siejący anarchię". Plaut ośmiesza tutaj wieloczłonowe nazwiska greckie.

w. 26n. KOŚCI W... OGONIE – w oryginale: *quid, „bracchium"? illud dicere volui, „femur"*. Oba wyrazy służą do odróżnienia kończyn przednich i tylnych, dlatego możliwe jest poplątanie przez Opchajgębę tych części ciała. Język polski nie dysponuje takimi określeniami, toteż zastąpiono je nazwami innych części ciała, które ze względu na podobieństwo brzmienia można było pomylić.

w. 34 ZĄB NIE ZAZĘBIŁ – Plaut uwielbia takie gry słów, są one charakterystycznym elementem jego języka.

w. 43nn. W EGIPCIE... W GRECJI... W ZBÓJOTATARII, W AZJI – Plaut oparł dowcip na przesadzie i nieprawdopodobieństwie: każe Opchajgębie wyliczać miejsca, które są od siebie w takiej odległości, że Basztoburz w żaden sposób nie mógł się tam znaleźć w ciągu jednego dnia. Ponieważ współczesny odbiorca najczęściej nie zna geografii antycznej, zamieniono: Cylicję (krainę w płd.-wsch. części Azji Mniejszej) na Egipt, Macedończyków na Grecję, nieistniejący kraj Scytów-Rozbójników (w oryginale: *Scytholatronia*; Scytowie to lud okrutny i wojowniczy) na Zbójotatarię i mieszkańców Sardes (miasta w Azji Mniejszej nad rzeką Paktolos, dawnej stolicy Lidii) na Azję.

w. 47 ZE SIEDEM TYSIĘCY – oczywiście rachunek jest grubo przesadzony, bo suma poprzednich liczb wynosi 330.

w. 53 KAPPADOCJA – kraina w Azji Mniejszej, granicząca od płn. z Morzem Czarnym.

w. 61 PŁASZCZ – chodzi o *pallium*, w którym grane były komedie Plauta. Jest to rzymski odpowiednik greckiego himationu, ogromnego prostokątnego okrycia, noszonego zarówno przez mężczyzn, jak i przez kobiety (wówczas zwano go *palla*). Zob. il. 3.

w. 62 ACHILLES – to oczywiście homerycki wzorzec heroicznego bohatera.

w. 76 DLA KRÓLA SELEUKA – być może chodzi o Seleukosa I, który prowadził wyprawy wojenne w głąb Indii (stąd wziął się słoń w wersie 25), ale imię to nosili wszyscy kolejni królowie z władającej Syrią dynastii Seleukidów, równie dobrze więc mógł to być jakikolwiek władca z tego rodu (por. „Wstęp", s. 30).

w. 78 MÓJ DWÓR – żołnierz zachowuje się jakby był księciem lub królem.

w. 79–156 AKT II, SCENA 1 – Plaut niejednokrotnie wprowadzał do swoich sztuk prologi, jedynie sześć komedii ich nie ma. Najczęściej przedstawiały one postaci i intrygę, która rozegra się na scenie, aby w ten sposób ułatwić widzom śledzenie akcji. Prolog wygłaszał zwykle jeden z bohaterów, tutaj Wygibas. W prologach nieraz pojawiały się prośby o ciszę i spokój, co dowodzi, jak trudną publiczność miał Plaut przed sobą. Scena ta, podobnie jak poprzednia, jest ułożona w senarach jambicznych (por. obj. do sceny 1); oznacza to, że partii nie towarzyszyła muzyka.

w. 88 EFEZ – miasto jońskich Greków położone w Azji Mniejszej; najważniejszy ośrodek handlowy i religijny Jończyków. Słynęło ze swej świątyni Artemidy, która uważana była za jeden z siedmiu cudów świata. Najkrótsza droga z Aten do Efezu wiodła przez morze (por. w. 12n.).

w. 100 POCHODZI Z ATEN – Ateny w świadomości Rzymian to najsłynniejsze miasto greckie, dlatego Plaut tak chętnie wybierał je na miejsce akcji (12 razy). Wprawdzie tutaj komedia rozgrywa się w Efezie, ale Ateny są wielokrotnie przywoływane.

w. 103n. OJCZYZNA... WYSŁAŁA W POSELSTWIE – w oryginale został wysłany przez demokratyczne Ateny do Naupaktos (później Lepanto, dziś Náfpaktos), miasta portowego nad Zatoką Koryncką, które zasłynęło jako baza operacyjna floty ateńskiej podczas wojny peloponeskiej.

w. 136, 140 SIĘ MŁODZI SPOTYKAJĄ / TYLKO ONA... JEDYNIE – Wygibas posługuje się stylem potocznym, dlatego często powtarza te same wyrazy, zmienia szyk zdania itp., co przekład stara się naśladować.

w. 137 RUSZTOWANIE – Plaut wielokrotnie w tej sztuce posługuje się metaforami z zakresu budownictwa, polowania i sztuki wojennej; por. też w. 227n., 239nn., 251, 295n., 965, 1131n., 1194, 1233, 1281, 1448.

w. 155 DRZWI SKRZYPNĘŁY – w komediach Plauta wejście na scenę nowej postaci zawsze poprzedzone jest wzmianką o skrzypieniu drzwi (jeśli ktoś wychodzi z domu) lub o nadchodzeniu od strony portu czy forum. Uwagę tę kierowano przede wszystkim do publiczności, która – jak wiemy – była mało skupiona.

w. 157 WYDAJĘ OŚWIADCZENIE – Podejmus posługuje się stylem charakterystycznym dla rzymskiego prawa. Jego język pełen jest nie tylko specyficznych wyrażeń, ale także form gramatycznych pojawiających się w formułach prawniczych. Przekład stara się oddać charakter tego języka poprzez zastosowanie stylu urzędowego; por. też w. 165, 311.

w. 159n. PORACHOWAĆ MU KOŚCI – Plaut bawi się tutaj dwuznacznością wyrazu „kości", rozumianego i jako część ciała, i jako gra hazardowa; por. też w. 171.

w. 168n. GONI KURĘ, GOŁĘBICĘ LUB NAWET SAMĄ MAŁPĘ – starożytni hodowali kury i gołębie głównie ze względu na jajka. Małpa jest egzotycznym zwierzęciem, pasującym do przemierzającego świat żołnierza.

w. 171 GRA W KOŚCI ZAKAZANA – o prawach zabraniających hazardu wspominają: Cyceron (*Mowy przeciw Antoniuszowi*, tj. *Filipiki* 2,23), Horacy (*Pieśni* 3,24,58), Owidiusz (*Żale* 2,472). Ze źródeł prawniczych znamy ich nazwy: *lex Titia, Publicia, Cornelia*, niestety nie wiemy nic więcej. Trudno nawet ustalić daty powstania tych przepisów. Plaut często robi aluzje do rzymskich praw i obyczajów, co właśnie nadaje jego „greckim" sztukom rzymski koloryt.

w. 182 KTOŚ WIDZIAŁ BANKIETKĘ – w oryginale niewolnik żołnierza gonił małpę po dachu (por. w. 187) i zobaczył przez *impluvium* całującą się parę. Centralną częścią domu rzymskiego był hol zwany *atrium*. Dach, przykrywający tę część budynku, miał kwadratowy otwór (*impluvium*), przez który wpadało światło, a także wlewała się woda deszczowa, spływająca do umieszczonego w podłodze małego basenu (*compluvium*).

w. 194 Z KRZYŻEM DO TWARZY – na karę krzyża, czyli karę śmierci przez przywiązanie do słupa w kształcie litery T, skazywano w Rzymie niewolników i obcokrajowców, nigdy obywateli, ponieważ była to najhaniebniejsza kara, wymierzana za przestępstwa ciężkie: gwałt, bandytyzm, piractwo, a w przypadku niewolników za bunt i ucieczkę. (Od czasów Konstantyna Wielkiego, kiedy to krzyż został uznany przez państwo za symbol męki Chrystusa, karę krzyża zamieniono na szubienicę).

w. 204, 206, 209 POD RĘKĄ – Plaut uwielbia anafory, podobnie jak aliteracje, i bardzo często się nimi posługuje. W jego komediach kobieta jest zawsze przewrotna i fałszywa, co wnikliwie przedstawia ta scena.

w. 205 PRZYSIEŁGAĆ – język Plauta słynie z neologizmów lub dziwacznych połączeń kilku wyrazów, co oczywiście daje wspaniały efekt komiczny (w oryginale: *animum falsiloquum, falsificum, falsiiurium*, od *falsum* – 'kłamstwo' i *loquor* – 'mówić', *facio* – 'czynić', *iuro* – 'przysięgać').

w. 209 WARZYWNIK... PRZYPRAWY – Plaut przy opisywaniu intrygi często posługuje się metaforą, zazwyczaj porównuje fortele do czynności bądź rekwizytów związanych z polowaniem, budowaniem lub sztuką kulinarną. W tej scenie pojawia się kilka takich metafor; por. obj. do w. 137.

w. 213 CHYTRZE CHYTREGO (*dolum doloso*) – język komediopisarza pełen jest gry słów. Wygibas nazywa niewolnika, który podglądał kochanków, „chytrym", sądzi bowiem, że jest to ukartowana intryga. W dalszej części sztuki dowie się, że Bankietkę widział Cienias, którego z pewnością nie można nazwać chytrym; por. też w. 287: „uczenie pouczoną" (*docte perdoctam*).

w. 230 PEWIEN KOMEDIOPISARZ – już starożytni komentatorzy (Warron, Werriusz Flakkus) uważali, że ta uwaga odnosi się do Newiusza, komediopisarza rzymskiego, który około roku 206 p.n.e. został wtrącony do więzienia za prowadzone ze sceny ataki pod adresem znanego rzymskiego rodu Metellów (*Caecilii Metelli*). Rzeczą oczywistą jest, że Plautowi nie podobał się los, jaki spotkał kolegę po piórze.

w. 232 NA HERKULESA – Rzymianie najczęściej przywoływali w zaklęciach Kastora i Polluksa oraz Herkulesa. Początkowo Herkules był zarezerwowany wyłącznie dla mężczyzn, a Kastor tylko dla kobiet. Z czasem na Polluksa i Herkulesa powoływali się wszyscy, bez względu na płeć. Kastor natomiast pozostał opiekunem kobiet lub... zniewieściałych mężczyzn. Bogowie byli wzywani w mowie codziennej, tak jak dziś mówimy: „O Boże!", „Niech Bóg broni!".

w. 235 PRACOWAĆ PAŁKĄ POGANIANY – Podejmus przypomina Wygibasowi, że jeśli teraz nic nie wymyśli, to później przyjdzie mu pracować fizycznie, pod groźbą kary cielesnej. Wers ten stanowi także przykład tak częstej u Plauta aliteracji: „pracować pałką poganiany" (*varius virgis vigilias*); por. też w. 247: „Piorunem podaj, proszę, jakiś plan naprędce" (*Reperi, comminiscere, cedo calidum consilium cito*).

w. 239nn. WRÓG NA KARKU – komediopisarz przy opisie intrygi ponownie posługuje się metaforą, tym razem militarną; por. też w. 251, gdzie Plaut używa jednocześnie metafory i aliteracji: „mocny mur muruje" (*magna munitis moenia*).

w. 311 WNIOSEK ODDALONY – Plaut bardzo chętnie stosował terminy prawnicze, ponieważ znał słabość Rzymian do kodyfikowania wszystkich dziedzin życia. Wcześniej Podejmus również naśladował język prawniczy; por. akt II, scena 2.

w. 317 LEPIEJ CIEBIE... – Wygibas bawi się tutaj dwuznacznością pierwszej części zdania.

w. 321 CIENIASIE – TO CIEŃ PODEJRZENIA (*Sceledre – scelus*) – por. „Wstęp", s. 33; w oryginale „cień podejrzenia" to właśnie *scelus* – 'zbrodnia'. Por. także niżej w. 378 (*Sceledre, scelera*), 630.

w. 331n. TOBIE KAZANO JEJ PILNOWAĆ – w prologu Wygibas informował, że żołnierz do pilnowania Bankietki wyznaczył najgłupszego niewolnika.

w. 336 WIĘC NIE W DOMU? – Wygibas wejdzie do domu przede wszystkim po to, aby przekonać się, czy Bankietka wróciła już od sąsiada przez tajemne przejście.

w. 366 SŁOMA Z MAKU – w oryginale Cienias żartuje sobie, że Wygibas żywi się kąkolem, starożytni wierzyli bowiem w szkodliwe działanie tej rośliny na wzrok.

w. 403 PODPRZYJAŹNIĆ (*subparasitatur*) – jeszcze jeden neologizm Plauta (od *sub* – 'pod' i *parasitari* – 'pasożytować, być pieczeniarzem').

w. 427 TAKIE SAMO MAM WRAŻENIE – wypowiedź Wygibasa odnosi się raczej do uwagi Cieniasa, że w dziewczynie rozpoznaje kochankę żołnierza.

w. 451n. IDĄC W ŚLADY OJCA, DZIADA I PRADZIADA – ta genealogia rodzinna była zapewne bardzo zabawna dla Rzymian, którzy prawem ustanowili, że niewolnik jest *nullo patre*, tj. „bez ojca".

w. 458 HEJ, CIENIASIE, A MNIE WIDZISZ? – Wygibas sugeruje, że Cienias ma kłopoty ze wzrokiem, co z resztą stanie się za chwilę przedmiotem dalszych żartów.

w. 464 NIE PRZEZ OKNO, BO MA KRATĘ – dom Rzymianina miał niewiele okien i zwykle były one małe. Okiennice lub kraty stanowiły zabezpieczenie przed złodziejami.

w. 469nn. MÓJ SEN SIĘ JAWĄ STAJE – prorocze sny były częstym motywem w komedii nowej.

w. 476 TO MÓJ SEN MU OPOWIADA – Wygibas żartuje, że to jego sen, bo to on wymyślił tę intrygę, a Bankietka powtarza tylko to, co on jej wcześniej opowiedział.

w. 493 WZNIEŚ DO BOGÓW DZIĘKCZYNIENIA – zwykle w takich wypadkach modlono się do bogów, aby podziękować za sen i prosić o jego spełnienie.

w. 502 TERAZ BĘDĘ TU STRAŻ TRZYMAŁ – Cieniasowi powierzono pilnowanie Bankietki, więc za swój obowiązek uważa strzec jej, gdziekolwiek będzie.

w. 506nn. WIDZIAŁEM... NIE WIDZIAŁEM – nieskładna mowa Cieniasa jest wynikiem jego zdezorientowania. Dowodzi także niezbyt lotnego umysłu, skoro można mu było wmówić, że nie widział tego, co naprawdę zobaczył.

w. 525 PACHNIDŁA ARABSKIE – arabskimi pachnidłami nazywano żywice używane do kadzideł. Była to głównie mirra otrzymywana z krzewów rosnących w płd. Arabii i we wsch. Afryce. Kadzidło stanowiło niezbędny element ofiary składanej bogom.

w. 526n. NAJWSPANIALSZEJ Z BOGIŃ, DIANIE – dziewczyna ma na myśli Dianę Efeską, której mieszkańcy Efezu wystawili świątynię uważaną za jeden z siedmiu cudów świata. Rzymianie utożsamiali Dianę z grecką Artemidą.

w. 588 IDŹ PO MIECZ DO ŚRODKA – Wygibas szuka pretekstu, by wysłać Cieniasa do domu. Wie, że Bankietka zdążyła już przejść z powrotem do pomieszczeń żołnierza, i chce, by Cienias ją tam zobaczył. Ten zaś jest nieco wystraszony, myśli bowiem, że miecz ma posłużyć do samobójstwa.

w. 609 NIEWOLNIK MNIEJ POWINIEN MÓWIĆ, NIŻLI WIEDZIEĆ (*plus oportet scire servom, quam loqui*) – stwierdzenie to jest jedną z popularniejszych sentencji przewijających się przez sztuki zaliczane do komedii nowej.

w. 630 CIENIAS – TY PEŁNA CIEMNYCH SPRAWEK GŁOWO! (*Sceledre hic, scelerum caput*) – Plaut znowu bawi się w grę słów, wykorzystując podobieństwo brzmienia imienia *Sceledrus* i wyrazu *scelus*. Por. w. 321, 378.

w. 637 NIECH MI WOLNO BĘDZIE... – Cienias chciałby powiedzieć: „Niech mi wolno będzie wytłumaczyć się", ale niechcący posługuje się zwrotem, którego przed chwilą w najwyższym oburzeniu użył Podejmus.

w. 650 PAN SIĘ... W SĄDZIE WSTYDU NAJE – ponieważ w Rzymie *dominus* ponosił odpowiedzialność za czyny swoich niewolników, żołnierz stanąłby przed sądem pod zarzutem czynnej napaści dokonanej przez jego Cieniasa.

w. 653n. TĄ NIE JEST OWA; A TA NIE TAMTĄ – to posługiwanie się przez Cieniasa zaimkami najlepiej dowodzi, jak bardzo mu się już wszystko poplątało.

w. 659 WOLNO? – Cienias nie może uwierzyć, że Podejmus go zaprasza, bowiem jeszcze przed chwilą zarzucał mu napaść na swoich gości i groził sądem.

w. 688 ZAWOŁAJ PANA – Podejmus sprawia wrażenie, jakby chciał mieć pewność, że Cienias zostanie ukarany przez żołnierza, dlatego każe go zawołać. W rzeczywistości obu im zależy, by żołnierz o niczym się nie dowiedział.

w. 739 TO DZIEWCZYNY PRACA – Bankietki oczywiście, która pojawiała się w dwóch wcieleniach i skutecznie wodziła Cieniasa za nos.

w. 741 OBRADY „SENATU" – Podejmus ironicznie nazywa „senatem" spotkanie i naradę odbywające się w jego domu przy udziale Bankietki, Wygibasa i Żegloklesa.

w. 787 ZWIEDZAM TE PODZIEMNE KRAJE – tj. przebywam w Hadesie, do którego zmierzali wszyscy zmarli.

w. 789 TYLKO PIĘĆDZIESIĄT CZTERY – w starożytności był to wiek dość sędziwy.

w. 791 CAŁKIEM SIWY – por. „Mistrz konceptu", s. 19.

w. 809 NIE GDZIEŚ W PROWINCJI – prowincje wchodziły w skład podziału administracyjnego *Imperium Romanum* (a nie greckich *poleis*) i znajdowały się daleko od centrum kulturalnego, jakim był Rzym. Fragment ten komedia zawdzięcza prawdopodobnie inwencji samego Plauta, który nawet podaje dokładnie miejscowość owej prowincji – Animulę w Apulii, na południu Italii. Nie można jednak wyeliminować i takiej hipotezy, że tekst grecki, z którego korzystał komediopisarz, odwoływał się w tym miejscu do przysłowiowej już w kulturze greckiej Beocji, co Plaut zastąpił Animulą.

w. 812 GRACJE – boginie wdzięku i powabu; w oryginale: *in nutricatu Venerio* – dosłownie „pod opieką Wenery", przy czym samo słowo *venus* oznacza 'wdzięk, powab'.

w. 820 WENERY – tj. Wenus (łac. mianownik *Venus*, dopełniacz *Veneris*).

w. 830 ZEFIR – Plaut używa łacińskiej nazwy: *Favonius*. Zefir-Fawoniusz to ciepły, łagodny wiatr zachodni, który zapowiada nadejście wiosny.

w. 833 GŁODNY PIECZENIARZ – pasożyt (*parasitus*), który zawsze usiłuje zjeść obiad na cudzy koszt.

w. 851n. Z DOMEM WYPEŁNIONYM JEJ CIĄGŁYM UJADANIEM – porównanie złej, zgryźliwej żony do ujadającego psa pojawia się często u Plauta i jest powszechne w tradycji ludowej.

w. 866 ŚWIĘTA... MINERWY – *Quinquatria* były to święta ku czci Minerwy (bogini utożsamianej z grecką Ateną) obchodzone dwa razy do roku: 19–23 marca i 13 czerwca.

w. 867nn. DLA WRÓŻKI OD UROKÓW – wróżbiarstwo było w Rzymie bardzo rozpowszechnione i cieszyło się dużym zainteresowaniem ze strony kobiet. Wróżbiarze posiadali ścisłą specjalizację; byli więc biegli w dziedzinie interpretowania snów, znaków wróżebnych, czytania z wnętrzności zwierząt ofiarnych, a także specjaliści przepowiadający z kształtu i ułożenia brwi i oczu.

w. 873 TA, CO STOI PRZY ŻARNACH – Plaut określa ją jako *ceriaria* – 'dziewczyna zajmująca się zbożem', prawdopodobnie mełła je na żarnach.

w. 885nn. MAM LICZNYCH KREWNYCH – opisywany tutaj przez Podejmusa zwyczaj opiekowania się, a nawet nadskakiwania bogatemu krewnemu był w Rzymie dość powszechny. Niektóre wspomniane tu czynności, jak np. poranne powitanie, należały także do obowiązków klientów. Jednak prawdziwe „polowania" na spadek przypadają dopiero na okres cesarstwa.

w. 893n. WIĘCEJ MAM NIŻ ONI Z KAŻDEJ ICH OFIARY, JAKĄ SKŁADAJĄ BOGOM – bogom składano ofiarę ze zwierząt raczej symbolicznie, przeznaczając na ołtarz jedynie niewielką część mięsa. Ci, którzy składali ofiarę, rozdzielali resztę między kapłanów i posyłali krewnym.

w. 912–921 TAK JAK NADZORCA TARGU... – Plaut podaje grecką nazwę ateńskiego urzędnika: *agoranomus* (gr. *agoranómos*). W Rzymie funkcje te należały do edyla. Starożytnych Rzymian zapewne bardzo bawiło to porównanie urządzenia świata do funkcjonowania targowiska. Niewolnik kończy swe filozoficzne rozważania humorystyczną konkluzją, która zdradza powód tej przemożnej chęci naprawiania świata.

w. 927n. KAŻDY GOŚĆ... PO TRZECH DNIACH JEST CIĘŻAREM – do dziś jeszcze popularne jest w Italii powiedzenie, że „gość jest jak ryba – po trzech dniach cuchnie".

w. 929 ILIADA GNIEWU – jest to parafraza greckiego powiedzenia Demostenesa: *Iliás kakón* (tj. nawał nieszczęść), przełożonego przez Cycerona jako *Ilias malorum* – „*Iliada* zła" (*Listy do Attyka* 8,11,3). Porównanie to odnosi się nie tylko do długości poematu (ok. 15 i pół tysiąca wersów), czy do tematu, którym jest gniew Achillesa, ale także do czasu trwania działań wojennych, toczących się przez 10 lat.

w. 965 POZNASZ CAŁĄ KONSTRUKCJĘ – jeszcze jedna z wielu metafor, porównująca intrygę do stawiania konstrukcji budowlanej.

w. 972 PARYS – (nazywany w oryginale przez Plauta drugim imieniem: Aleksander) syn króla Troi, Priama, i Hekabe, kochanek Heleny, którą uprowadził ze Sparty od jej męża, Menelaosa, co stało się przyczyną wybuchu wojny trojańskiej; słynął z urody, a żołnierz ma na myśli jego zalety jako kochanka.

w. 988 MAM POD SWĄ OPIEKĄ – Podejmus roztacza nad wspomnianą tu heterą patronat, a ona jest jego klientem, tzn. korzysta z opieki możnego obywatela.

w. 990n. W SZATACH MATRONY, Z WŁOSEM GŁADKO UPIĘTYM – matrony, czyli kobiety zamężne, różniły się od heter i niezamężnych dziewcząt przede wszystkim strojem i fryzurą. Nosiły długą do ziemi szatę (*stola*) i zaczesywały włosy do góry w sześć gładkich pasemek, ujętych w przepaskę.

w. 1006 SŁOŃCE – (*Sol*) było staroitalskim bóstwem, które zazwyczaj wyobrażano sobie jako słoneczny rydwan podróżujący ze wschodu na zachód. Później identyfikowano Słońce z greckim Heliosem.

w. 1011 JAM TWYM WIERNYM SŁUGĄ! – komicznie to brzmi, ponieważ w rzeczywistości Wygibas jest niewolnikiem i to on jest wiernym sługą Żegloklesa.

w. 1032 OBA SŁOWA SĄ W TYM SAMYM TYPIE (*stertas quasi sorbeas*) – w oryginale zabawa słowami *sorbeo* – 'chłeptać, wchłaniać' i *sterto* – 'chrapać'.

w. 1036n. MIESZANO... WINO WRAZ Z NARDEM – starożytni dodawali do win różne zioła, podobnie jak dziś czyni się to z wermutem albo likierem.

w. 1046 WINA WARZYŁ – grzane wino było w starożytności bardzo popularne. Napiwek, przecząc, daje dokładny opis tego, co robili razem z Cieniasem.

w. 1050n. JEDNI WINO PIJĄ, DRUGICH ZAŚ WODA WPROST Z MANIERKI DŁAWI – dokładniej mówiąc, była to woda z octem i jajkami (*posca*), którą pojono żołnierzy przed bitwą, aby mogli ugasić pragnienie. Wygibas chce powiedzieć, że niektórzy niewolnicy żołnierza, m.in. także on, nie otrzymują nigdy nic więcej prócz prostej żołnierskiej strawy.

w. 1069nn. NASZE OBALA AMFORY – starożytne amfory były wysokie i wąskie, z dwoma uchwytami przy szyjce, ułatwiającymi przenoszenie. Napełnione stały rzędem w piasku, puste natomiast ustawiano dnem do góry. Napiwek chce powiedzieć, że amfory musiały się pochylać, by napełnić dzban.

w. 1076 W BACHICZNYM SZALE – kult Bachusa-Dionizosa, boga wina, miał charakter orgiastyczny.

w. 1079 BACHANALIA – orgiastyczne święta ku czci boga wina, Bachusa. Bachanalia, obchodzone kilka razy do roku (2 lub 3) w gaju Stimuli, słynęły z orgii, na których dopuszczano się nie tylko występków natury seksualnej, ale także spiskowano i dokonywano fałszerstw oraz mordów. W 186 r. p.n.e. senat zakazał obchodów i wytoczył proces siedmiu tysiącom osób, z których wiele skazano na śmierć. Plaut często, gdy chce powiedzieć, że coś jest dzikie i przerażające, nazywa to Bachanaliami, podobnie jak wszystko, co nieokiełznane i niebezpieczne zestawia z bachantkami szalejącymi podczas tego święta. Por. też w. 1266 i obj.

w. 1088 MAM DLA BANKIETKI – oczywiście jest to kłamstwo wymyślone przez niego na poczekaniu.

w. 1093 PODSTRÓŻ – Wygibas nazywa Napiwka podstróżem, ponieważ Cieniasa – stróż Bankietki – zlecił chłopcu pilnowanie dziewczyny.

w. 1112 NIKT NIE JEST DOSKONAŁY – *nemo solus satis sapit*.

w. 1118 TEGO WŁAŚNIE SIĘ BOJĘ – Kulminia i Szkapinia zostały zaangażowane do tego, aby oszukać żołnierza i odebrać mu Bankietkę. Tak się składa, że wynik tej intrygi przyniesie korzyść młodym kochankom, Bankietce i Żegloklesowi.

w. 1131 ON JEST ARCHITEKTEM – Wygibas jest nazywany architektem, bo to on konstruuje całą intrygę. Por. także obj. do w. 137.

w. 1134n. BARDZOM JEST CIEKAWY – Wygibas wie doskonale, na czym polega intryga, sprawdza jedynie, czy dziewczyny pamiętają wskazówki. Ta repetycja została wprowadzona przez Plauta głównie ze względu na publiczność, która mogła pogubić się w fabule.

w. 1139 ŻONĘ STAREGO – Kulminia ma grać żonę Podejmusa.

w. 1149 SZKIELET – intryga jest porównywana do szkieletu okrętu: spiskujący to cieśle, architektem jest Wygibas, a budulcem sam żołnierz.

w. 1177 TAMTA DZIEWCZYNA – Kulminia ma na myśli Bankietkę.

w. 1188 PASOŻYT – Plaut wyjaśnia, co robił żołnierz poza sceną i dlaczego pasożyt już więcej się nie pojawił.

w. 1193 UDZIELAM CI WŁADZY – Basztoburz w potocznej rozmowie używa zwrotów zaczerpniętych z wojskowego żargonu.

w. 1194 CZY JAKIŚ PTASZNIK SŁÓW NIE CHWYTA W LOCIE – jest to jedna z wielu metafor zaczerpniętych z łowiectwa; por. też w. 1233, 1281.

w. 1204nn. MĘŻATKA CZY TEŻ WDOWA? – w starożytnym Rzymie za wdowę uważano nie tylko kobietę, która straciła męża, ale także taką, która się rozwiodła. Tutaj dodatkowy jeszcze żart, oparty na porównaniu, że wyjść za starca, to wyjść za nieboszczyka.

w. 1213 A CO ZROBIMY Z TĄ, CO MAMY W DOMU?! – żołnierz przypomniał sobie, że nie jest wolny, bo mieszka z Bankietką.

w. 1215 WRAZ Z MATKĄ JEST W MIEŚCIE – o matce nie było wcześniej mowy, ale też i nie potrzebowano jej do konstruowanej przez Wygibasa intrygi, wystarczyła mu bowiem bliźniacza siostra, aby zażegnać niebezpieczeństwo ze strony Cieniasa. Tego typu niekonsekwencje stanowią zwykle dowód na kontaminację z dwóch sztuk greckich.

w. 1229 ZWIERZ – w antycznej tradycji literackiej hetery i ich służące często przyrównywano do najróżniejszego typu okrętów. W komedii *Menaechmi* Plaut nazywa heterę: *navis praedatoria* – 'statek korsarski'. Tu w oryginale użyto słowa: *celox* – 'fregata', urobionego na wzór *velox* – 'szybki, lotny', z gr. *kéles*, co z kolei oznacza również konia wyścigowego i w połączeniu z imieniem dziewczyny stanowi dodatkową grę słów, niestety ginącą w dosłownym tłumaczeniu. Dlatego w przekładzie zamieniono fregatę na zwierzę, tym bardziej że w wersach 1262n. pojawia się następny kalambur: *celo* – 'ukrywam', którym posługuje się Szkapinia, co daje zabawny efekt w połączeniu z przydomkiem, jakim ją nazwał Wygibas – *celox* (w przekładzie: „zwierzę" – „zwierzać się").

w. 1232 PRZY TAMTEJ TO KROWA! – Wygibas chce zniechęcić Basztoburza, któremu podoba się uroda Szkapinii.

w. 1239 NA OBIAD ZAROBI – chodzi tutaj głównie o pasożytów, którzy podsłuchiwaniem i donoszeniem zarabiali na posiłek. Szkapinia udaje, że boi się, aby ktoś jej nie podsłuchał, w rzeczywistości jednak zależy jej, by żołnierz nie uronił ani słowa.

w. 1247 JEJ NIE TRZEBA MYDŁA – w oryginale mowa o popiele, którym szorowano brudne garnki.

w. 1254 TO... MA NARZECZONA! – Wygibas wymyśla na poczekaniu sprytne kłamstwo, by ostudzić zapały żołnierza.

w. 1266 PODAJ HASŁO – Plaut czyni tutaj aluzję do orgiastycznych Bachanaliów, świąt obchodzonych w tajemnicy, głównie przez kobiety; por. wyżej obj. do w. 1079.

w. 1281 NIE SPŁOSZ ZWIERZYNY – jeszcze jedna metafora związana z polowaniem. Por. w. 1194, 1233.

w. 1306nn. TA OD TEJ PRZYCHODZI – Wygibas specjalnie tak zawile tłumaczy za pomocą zaimków, aby sprawić wrażenie, że tłum kobiet oblega żołnierza.

w. 1328 OGIER NIE DA NASIENIA PIERWSZEJ LEPSZEJ KLACZY – w oryginale występuje knur i maciora. To porównanie ma na celu podkreślić atrakcyjność seksualną żołnierza, dlatego w przekładzie zmieniono „świńskie" rzeczowniki, które w języku polskim jeśli budzą jakieś seksualne skojarzenia, to jedynie negatywne.

w. 1330 TALENT W ZŁOCIE – talent filipejski, bo o takim mowa w oryginale, to moneta wybita po raz pierwszy przez Filipa II w połowie IV w. p.n.e. Bardzo długo posługiwano się nią w świecie hellenistycznym z powodu dobrej wagi i czystości złota: w III w. p.n.e. znana była na południu Italii, w wieku II p.n.e. w Azji Mniejszej. Rzymianie również jej używali; pojawiła się w czasie II wojny punickiej, a za Cezara była już w powszechnym obiegu. 1 talent filipejski = 2 srebrne drachmy ateńskie = 1 *nummus*.

w. 1333 TYSIĄC KORCÓW MONET – korzec to miara ciał sypkich = 10,5 litra.

w. 1335 ETNA – wulkan na Sycylii.

w. 1358 NAZAJUTRZ PO JOWISZU – Jowisz (gr. Zeus), najważniejszy z bogów olimpijskich, zrodzony z Ops (Rea) i Saturna (Kronos).

w. 1363 BĄDŹ ZDRÓW! – starożytni posługiwali się pytaniem: „Chcesz czegoś jeszcze?" (*Numquid vis?*), jako tradycyjnym zwrotem przy pożegnaniu, na który odpowiadali zdawkowo przeczącym ruchem ręki. Żołnierz potrafi wykorzystać nawet konwencjonalną formułkę pożegnania, by zwrócić uwagę na swą urodę. Plaut wielokrotnie buduje dowcip wokół tego zwyczajowego zwrotu.

w. 1368 BANKIETKA, NIECH WRÓCI DO DOMU – Wygibas sądzi, że Bankietka ma u sąsiada schadzkę z Żegloklesem. Ponieważ Basztoburz zaraz wejdzie do domu, by pożegnać się z Bankietką, Wygibas każe dziewczynie wrócić.

w. 1405n. WOLĘ, ŻEBYŚ RACZEJ TY Z NIĄ GADAŁ – Basztoburz trochę boi się Bankietki, a ponadto jest przekonany, że ona nie ośmieliłaby się zrobić awantury Wygibasowi.

w. 1433 CO WCZEŚNIEJ WAM MÓWIŁEM – Wygibas odwołuje się do tego, co mówił w prologu (w. 88nn.).

w. 1445 ARCHITEKCIE – „architekt" otwiera całą serię metafor i porównań, w których konstruowanie intrygi jest równoznaczne z rzeczywistym budowaniem; por. w. 1448nn.

w. 1468 NASZ SPRYT ZDOBĘDZIE KAŻDĄ FORTECĘ OD RAZU – wcześniej (w. 1278) Szkapinia pytała: „Jak zdobyć tę Troję?".

w. 1470 TĘ PROWINCJĘ – prowincjami nazywano kraje podbite przez Rzym i podległe jego władzy; por. także obj. do w. 809.

w. 1490 PIASKIEM SYPNĘ W OCZY – wers ten dosłownie brzmi: „rzecz tak wygładzę, wyhebluję" (*meum opus ita dabo expolitum*), i jest jeszcze jedną metaforą zaczerpniętą z dziedziny budownictwa.

w. 1493 KAPELUSZ – kapelusz zwany *causea* (*causia*) *ferruginea* (tj. koloru stalowoszarego) był macedońskim nakryciem głowy, używanym w Rzymie przez niższe warstwy społeczne. Jego szerokie rondo chroniło przed deszczem i słońcem, dlatego nosili go nie tylko żeglarze, ale także podróżni. Żeglarze stosowali również przepaski, które wiązali na czole, aby ochronić oczy przed spływającym potem. Tutaj przepaska ma służyć głównie do zasłonięcia twarzy, co uniemożliwi rozpoznanie Żeglokłesa.

w. 1498n. REKWIZYTY MOŻESZ WZIĄĆ OD STAREGO – Żeglokłes ma pożyczyć od Podejmusa przebranie, dlatego pod koniec sceny wchodzi do jego domu. W następnej jednak scenie przychodzi od strony portu i w ten sposób staje się bardziej wiarygodny dla Basztoburza.

w. 1551 WEŹMIESZ GÓRĘ NAD SĄSIADKĄ – Wygibas przedstawia całą sprawę jak wyprawę wojenną, stąd ta militarna terminologia, niepozbawiona pewnej dwuznaczności.

w. 1601 KOCHANEK SAFONY – Safona, dzisiaj kojarzona raczej ze skłonnością do dziewcząt, miała według antycznej legendy zakochać się w młodym rybaku, Faonie z Lesbos. Ponieważ młodzieniec wzgardził miłością starej już wówczas poetki, rzuciła się z rozpaczy do morza.

w. 1633 WZROK JEJ ODJĄŁ MOWĘ – zobaczyła żołnierza i od tej chwili nie wypowiedziała już ani jednego słowa – jego widok podziałał na nią paraliżująco. Warto jednak dodać, że to Plaut musiał komuś odebrać zdolność mowy, ponieważ na scenie równocześnie mogą mówić tylko trzy osoby.

w. 1657 CHOĆBY TEN PARYS – w oryginale Plaut podaje tutaj jako przykład Achillesa, który rozgniewawszy się z powodu zabrania mu Bryzejdy, postanowił wycofać się z walk pod Troją. Jego decyzja spowodowała ogromne straty po stronie Greków. Tak więc z powodu miłości do kobiety Achilles naraził na śmierć swych rodaków. Przykład przytoczony przez komediopisarza nie jest najszczęśliwszy, bowiem Achillesowi nie tyle chodziło o kobietę, co o urażoną miłość własną. Tłumaczka daleka jest od poprawiania Plauta, zastąpiła jednak Achillesa Parysem ze względu na dzisiejszego widza, dla którego Achilles jest wyłącznie symbolem bohaterskiego wojownika, natomiast Parys uosabia kochanka, którego miłość wiedzie do rzeczy niegodnych – porwania Heleny z pogwałceniem praw gościnności.

w. 1660 SPÓŹNIENIE – *Mora*.

w. 1680 OCZKO – Żeglokles jest przekonany, że Basztoburz, używając tak pieszczotliwego zdrobnienia, mówi o Bankietce. Tak samo później Bankietka nazywa Basztoburza; por. w. 1714.

w. 1683n. GDYBYM DO DZIEWCZYNY NIE CZUŁ MIŁOŚCI, MIAŁBYM OKO CAŁE – Żeglokles wcale nie kłamie, gdy mówi, że z powodu miłości ma zakryte oko – uczucie do Bankietki sprawiło, że używa przebrania i nosi przepaskę. Żołnierz prawdopodobnie podejrzewa, że jego rozmówca stracił oko w jakiejś awanturze o kobietę.

w. 1701 KAŻDY PRZY NIM BYŁ MĄDRY! – cała ta wypowiedź jest bardzo dwuznaczna. Żołnierz rozumie, że to on wywierał taki wpływ na ludzi, iż wszyscy stawali się mądrzy i dowcipni, podczas gdy Bankietka daje do zrozumienia, że swoją głupotą dawał powód do żartów i drwin, a tym samym umożliwiał wyćwiczenie ostrości dowcipu (w. 1703).

w. 1718 WODA TUTAJ NIC NIE ZDZIAŁA – Wygibas nie ma ochoty iść do domu po wodę, ponieważ boi się, że zakochani mogą swoim zachowaniem popsuć cały plan. Uwaga o tym, że spokój i odpoczynek pomoże Bankietce, jest upomnieniem dla Żeglokesa.

w. 1724 O JA, BIEDACZYSKO! – uwaga ta jest również dwuznaczna: z ust Wygibasa wyrywa się pełen żalu okrzyk, ponieważ jest on przerażony tym, że żołnierz za chwilę wykryje podstęp. Kiedy orientuje się, że powiedział za dużo, stara się, by wyglądało to na rozpacz z powodu odjazdu.

w. 1726 ŻEGNAJCIE DROGIE PROGI – w oryginale jest „Lar domowy" (*Lar familiaris*), bóstwo opiekuńcze rzymskiego domu.

w. 1733 JAK BARDZO BOLI TO ROZSTANIE – Wygibas powtarza tutaj słowa Bankietki (w. 1705).

w. 1735 PIĘKNE SŁOŃCE, WITAJ! – Żeglokles jest przekonany, że uwaga o słońcu odnosi się do niego.

w. 1741nn. CO BĘDZIE, GDY TO WYJDZIE – Wygibas na poczekaniu wymyśla jakiś problem, aby żołnierz nie odkrył, co naprawdę może „wyjść".

w. 1747 RUSZAJCIE JUŻ – Wygibas chce jak najprędzej odprawić Żeglokesa i Bankietkę, ponieważ boi się, że do reszty pokrzyżują mu plany.

w. 1750nn. WSZYSCY STOKROĆ WIERNIEJSI BYLI NIŻ JA – w całej tej scenie Wygibas niebezpiecznie igra z żołnierzem. Dwuznaczności, na jakie sobie pozwala, jeszcze bardziej uwidaczniają głupotę i naiwność Basztoburza.

w. 1759n. GDYBY MNIE KTOŚ WYZWOLIŁ, CHCIAŁBYŚ, ŻEBYM DALEJ SŁUŻYŁ TOBIE? – wyzwolony niewolnik często stawał się klientem swego dawnego pana, który teraz przyjmował tytuł patrona. Relacje te były oparte na obowiązku opieki z jednej strony i posłuszeństwie z drugiej.

w. 1798 ROZWINĄŁ FLANKI – jeszcze jeden termin wojskowy pełniący funkcję porównania.

w. 1812 GRZECHOTKĘ DLA DZIECKA – w oryginale: *crepundia* – metalowe grzechotki, które wkładano do woreczka i zawieszano dzieciom na szyi.

w. 1827 SŁUŻĄCA PRZYSIĘGAŁA, ŻE TO JEST ROZWÓDKA – służąca mówiła wprawdzie, że Kulminia jest wdową, ale można to było potraktować jako żart. Ponieważ z innych informacji wynikało, że Kulminia oddaliła męża z domu, w przekładzie żołnierz przekonuje Podejmusa, że wydawała mu się rozwódką.

w. 1830 WNUCZKU WENERY – złośliwie przypominają mu jego bombastyczne wyznanie, że jest wnukiem Wenery (w. 1625).

w. 1831 NA JOWISZA I MARSA! – w Rzymie przysięgano zwykle na Jowisza, nie odwoływano się natomiast do Marsa. Żołnierz przywołuje jednak tego boga wojny, uważa go bowiem za swego opiekuna.

w. 1834 ZACHOWAM NIETKNIĘTE SWE MĘSKIE HONORY – cały ten fragment aż do wersu 1849 oparty jest na podwójnym znaczeniu słowa *testis* – 'jądro' i 'świadek'. *Intestatus* (oryg. w. 1416) – ktoś pozbawiony świadka, świadectwa, „bez testamentu", w przekładzie (w. 1834): „gdy zachowam nietknięte swe męskie honory". *Intestabilis* (oryg. w. 1417) – ktoś pozbawiony prawa do stawania w sądzie jako świadek, czyli ktoś niegodziwy, pozbawiony dobrej sławy, w przekładzie (w. 1836): „żyć będę bez honoru". W wersach 1841 (oryg. w. 1420) i 1849 (oryg. w. 1426) mowa już bez ogródek o jądrach: *salvis testibus* – z ocalałymi jądrami, w przekładzie: „z całymi honorami"; *carebis testibus* – pozbędziesz się jąder (utracisz jądra), w przekładzie: „pozbawię honorów".

w. 1839 DAJ NAM WIĘC MINĘ ZŁOTA – na wspomnienie o odpłaceniu się Kucharz składa konkretne żądanie. *Mná* – mina to grecka jednostka wagi równa 1/60 talentu; jako jednostka monetarna wynosiła 1/50 talentu filipejskiego. Mina złota, tzw. królewska ciężka, ważyła od 841do 886,84 g.

w. 1846 KTOŚ ZEMSTĄ JESZCZE PAŁA? – kolejny żart oparty na grze słów: *mittis* – 'odeślesz' w znaczeniu 'uwolnisz' i *mitis* – 'zmiękczony' w znaczeniu 'ukarany'.

w. 1851 MOI NIEWOLNICY – wydanie Hammonda, podstawa niniejszego przekładu, nie widzi wśród powracających niewolników Cieniasa. Jednak większość wydawców przypisuje tę partię tekstu właśnie Cieniasowi ze względu na jego oddanie dla Basztoburza.

w. 1863 A BRAWA? – ponieważ teatr, w którym grywano sztuki Plauta, nie miał kurtyny, przymówka o aplauz: *plaudite* – 'klaszczcie', była dla publiczności znakiem, że przedstawienie dobiegło końca. Plaut wszystkie swoje sztuki kończył prośbą o oklaski; czasem poprzedzała ją dłuższa mowa, w której obiecywał widzom ucztę, jeśli będą głośno oklaskiwać przedstawienie.

AMFITRION

w. 1–170 Wszystkie oznaczenia kierunków podane są od strony widza.
Aktor grający Merkurego zwraca się w prologu do publiczności przede wszystkim, żeby ją uspokoić i zyskać jej przychylność, a następnie podać szczegóły niezbędne dla zrozumienia sztuki. W *Amfitrionie* Plaut posunął się nawet do próby przekupstwa czy też niewinnego szantażu, by skupić uwagę widzów na przedstawieniu. Prologi w rzymskich komediach dają interesujący obraz publiczności, przed jaką występował Plaut. Tutaj Merkury kilkakrotnie musi uspokajać widzów i prosić ich o uwagę (w. 17, 43, 107–108); ponadto charakterystyczne jest, że często zmienia temat i podkreśla, o czym będzie w danej chwili mówił, by wzbudzić większe zainteresowanie odbiorców. Cały prolog został ułożony w senarach jambicznych (por. *Żołn.* obj. do aktu I, sceny 1), którym to metrum posługiwano się wyłącznie w partiach mówionych, bez akompaniamentu muzyki (*diverbia*). W przekładzie, chcąc naśladować mowę potoczną, posłużono się jedenastozgłoskowcem z rymem abab.

w. 1n. MERKURY – w oryginale Merkury wypowiada się w pierwszej osobie i aż do wersu 22. nie wymienia swego imienia, ale publiczność rzymska doskonale wiedziała, kim jest, ponieważ trzymał w ręce swój kapelusz ze skrzydełkami, a jego wizerunki w takim właśnie nakryciu głowy były powszechnie znane (zob. il. 3). Dzisiejsi widzowie mieliby kłopoty ze zrozumieniem początkowej części prologu, a zwłaszcza z uchwyceniem subtelnej gry słów zawartej w wersie 2: *vostris mercimoniis*, w przekładzie: „w... merkantylnych sprawach" – nawiązującej do imienia boga kupców, Merkurego (na marginesie dodajmy, że w świadomości przeciętnego odbiorcy bardziej wyrazisty jest grecki Hermes niż jego rzymski odpowiednik – Merkury). Ta wstępna część prologu sformułowana jest jak rzymska modlitwa: pełno w niej nie tylko typowych, skonwencjonalizowanych zwrotów, ale także jej charakter oddaje istotę rzymskiej religijności, opartej na „handlu wymiennym" między bogiem a człowiekiem. Kwintesencja stosunków między śmiertelnikami a nieśmiertelnymi zawarta została w łacińskim powiedzeniu: *do, ut des* (daję, abyś dał).

w. 2 WSPIERAŁ WAS W WASZYCH... – jedną z najbardziej charakterystycznych cech łaciny archaicznej, a tym samym też języka Plauta, jest aliteracja. Tutaj przekład próbuje naśladować oryginalny wers: *vos in vostris voltis*.

w. 8 WIEŚCI WSZELKIE – Merkury był także boskim posłańcem, który przynosił różnego rodzaju wiadomości.

w. 31nn. TEN JOWISZ – po odwołaniach do prawdziwego Jowisza, który budzi na ziemi lęk i szacunek, Merkury przechodzi do Jowisza-aktora, zapewne dyrektora trupy teatralnej, który przydzielił role w przedstawieniu („co mnie tu postawił") i który drży, by widowisko nie poniosło klęski. W Rzymie aktorzy, nawet ci grający bogów, byli niewolnikami, dlatego za marne przedstawienia groziła im kara chłosty („a że śmiertelnik, musi... o grzbiet zadbać").

w. 38n. WAS UCZCIWYCH PROSZĘ O RZECZ UCZCIWĄ – Merkury, a raczej aktor grający jego rolę, zanim wypowie swoją prośbę, próbuje pozyskać przychylność publiczności (*captatio benevolentiae*). Schlebia jej więc, mówiąc o cechującej ją uczciwości. Podkreśla, że gdyby nie był o tym przekonany, to nie występowałby ze swą uczciwą prośbą, bo wyszedłby na głupca. Por. też w. 84n.

w. 49n. BELLONA, VIRTUS, VICTORIA – wymienienie aż kilku bogów wskazuje na dość powszechną praktykę wśród rzymskich poetów, którzy wprowadzali do swych tragedii patriotyczne prologi i epilogi. Same, typowo rzymskie, imiona bóstw: Bellona (Wojna), *Virtus* (Odwaga), *Victoria* (Zwycięstwo) – zdają się wskazywać, że fragmenty tu przywołane nie mogły pochodzić z tragedii greckich.

w. 52 OJCA, CO JEST BOGÓW SZEFEM – Plaut bawi się tutaj dwuznacznością sytuacji, w której postać grająca Jowisza jest zarówno władcą bogów, jak i kierownikiem trupy teatralnej.

w. 66 JESTEM BOGIEM PRZECIEŻ – Plaut ponownie wykorzystuje komizm sytuacji, bowiem aktor, wypowiadając tekst w imieniu trupy teatralnej, przypomina sobie niekiedy, że gra rolę boga i może wykorzystać jego nadprzyrodzoną moc. Por. też w. 60n.: „Jestem bóg! Bóg może wszystko odmienić".

w. 68 TRAGIKOMEDIĘ Z POŁĄCZENIA STWORZĘ – Plaut nazywa takie połączenie *tragi*(*co*)*comoedia*. Bogowie, herosi i królowie występowali wyłącznie w tragediach, niewolnicy zaś byli pierwszoplanowymi postaciami komedii. Ponieważ Plaut umieścił tak różnych bohaterów w jednej sztuce, stworzył także nową nazwę dla niej. Pomysł nie był jednak zupełnie nowatorski. Teatr hellenistyczny wystawiał podobny rodzaj przedstawień, zwany hilarotragedią, czyli 'wesołą tragedią' ze szczęśliwym zakończeniem (por. „Wstęp", s. 162). Ulubionym bohaterem tych sztuk był właśnie Herakles. W rzeczywistości *Amfitrion* jest raczej komedią z elementami tragedii.

w. 74 INSPEKTORZY – komediopisarz nazywa ich *conquaestores* (co Anglicy tłumaczą jako „inspectors", Niemcy „Kontrollbeamte", a Włosi „la guardia"). Nie byli to jednak stali inspektorzy teatralni i funkcji tej nie można brać serio. Plautowi chodziło tu raczej o doraźnie stworzoną grupę do wyławiania nasłanej klaki.

w. 76 POD ZASTAW KLĘSKI NIECH WEZMĄ MU TOGĘ – gdyby sztuka zrobiła klapę, zarekwirowane togi zostaną spieniężone, aby pokryć straty, jakie poniosła trupa teatralna przygotowująca przedstawienie.

w. 77nn. DLA ARTYSTY ALBO DLA AKTORA – termin *artifices* – 'artyści' odnosił się, jak podaje Aulus Gelliusz (*Noce attyckie* 20,4,1), do aktorów (*histriones*), grających w komedii (*comoedi*) i tragedii (*tragoedi*), oraz do muzyków (*tibicines*). Nagrody indywidualne było niesłychanie trudno zdobyć, być może dlatego, że jeden aktor występował zwykle w kilku rolach. Zazwyczaj za dobrze zagraną sztukę edyl kurulny wręczał nagrodę dla całego zespołu. Edyl kurulny był odpowiedzialny za organizację świąt i widowisk teatralnych, od niego zatem zależało, czy uhonoruje zespół, czy też nie; por. też w. 92. Plaut parodiuje tutaj (w. 77–83) język prawniczy, który Rzymianie tak uwielbiali. Szczegółowe wymienianie wszystkich okoliczności i odmian „zbrodni" jest typowe dla łacińskich formułek prawniczych. Por. *Żołn*. obj. do w. 157.

w. 87n. RÓWNE, TE SAME PRAWA BYĆ NIE MOGĄ DLA KOMEDIANTA, CO DLA MOŻNYCH PANÓW – postulat równości jest oczywiście niemożliwy do spełnienia. Sama myśl o zrównaniu w prawach niewolników, którzy grali na scenie, z obywatelami rzymskimi mogła pojawić się jedynie w komedii. Być może należałoby uważać tę wypowiedź za gorzką ironię ze strony Plauta, z drugiej jednak strony nie wydaje się, żeby komediopisarz miał skłonności do naprawiania świata. Natomiast wers głoszący zasadę *fair play* jest bardzo dwuznaczny i odnosi się zapewne zarówno do gry na scenie, jak i zabiegów o urzędy.

w. 90 FANÓW – fani, w oryginale: *favitores* – 'sprzymierzeńcy, zagorzali wielbiciele'.

w. 104n. [JOWISZ] GRAŁ W SZTUCE... – Plaut prawdopodobnie odwołuje się do tragedii Enniusza *Alcumena*, która jednak nie odniosła sukcesu (stąd też w wersie 59n. skomentowano uprzedzające niezadowolenie widzów). Jowisz w tamtym przedstawieniu być może pojawiał się w prologu i oczywiście w epilogu jako *deus ex machina*, stąd mowa, że: „Pomógł im nawet" – zapewne w rozwiązaniu intrygi. O tym, że Jowisz nie występował w tragedii Enniusza jako jeden z bohaterów, świadczyć może zdumienie widzów, które Plaut komentuje.

w. 109n. TO DOM AMFITRIONA – Plaut naśladuje tutaj typowe prologi tragiczne, które dokładnie podawały pochodzenie swoich bohaterów.

w. 113 NA CZELE LEGIONÓW – legion był jednostką armii rzymskiej. Plaut nadaje komediom koloryt rodzimy, wprowadzając terminologię charakterystyczną dla Rzymu; por. *Żołn*. obj. do w. 741.

w. 114 TELOBOJE – plemię to pochodzi od Teleboasa (przodka Pterelaosa, por. w. 288, 298), stąd niekiedy nazywa się ich Telebojami.

w. 118 AMATOR Z NIEGO NA TE RZECZY – miłostki Jowisza były powszechnie znane. Do ulubionych należały opowieści o zalotach Jowisza, podczas których musiał zmieniać swoją postać. Ledę uwodził jako łabędź, Europę jako byk, a Danae pod postacią złotego deszczu.

w. 133 MOJE PRZEBRANIE – Rzymianie znali opowieść o tym, jak Jowisz pod postacią Amfitriona uwodził Alkmenę. Nowością jest tutaj Merkury, który w kostiumie Sozji dubluje motyw sobowtóra. Jest to innowacja wprowadzona przez Plauta i wcześniej nieznana.

w. 137n. JA NOSZĘ POSTAĆ SOZJI, SŁUGUSA – Merkury nie jest zadowolony z roli, jaką musi odgrywać. Na Olimpie nie ma wśród bogów niewolników. Niektórzy komentatorzy tekstu Plauta uważają owo powtórzenie (por. w. 130) informacji o tym, że Merkury występuje pod postacią Sozji, za dowód interpolacji (tj. późniejszych wstawek, niepochodzących od Plauta). Należy jednak podkreślić, że repetycje są charakterystycznym elementem nie tylko prologów, ale w ogóle utworów naszego autora. Komediopisarz, pamiętając, że nie wszyscy oglądają sztukę od początku i nie wszyscy z równą uwagą, korzystał z tego sposobu, by ułatwić widzowi zrozumienie treści. Poetykę tę dziś stosuje „opera mydlana", pozwalająca zrozumieć fabułę nawet przy opuszczeniu znacznej jej części.

w. 158n. ZE SKRZYDEŁKAMI WŁOŻĘ KAPELUSZ – charakterystycznym elementem stroju Merkurego był obok kaduceusza (laski poselskiej) i uskrzydlonych sandałów, także kapelusz podróżny (*petasos*) z parą skrzydełek; por. niżej w. 662 i obj. oraz il. 3.

w. 165 LATARNIĘ DŹWIGA – Rzymianie wyruszający po zmroku z domu zabierali ze sobą latarnie. Nie ma więc w tym nic szczególnego, że Sozja niesie taką właśnie latarnię, jest to jedynie informacja, że akcja rozgrywa się przed świtem.

w. 171–246 Scena 1 aż do wersu 246 należy do partii, które wykonywano z towarzyszeniem instrumentu, ale – jak się wydaje – nie były śpiewane. Pod względem metrycznym fragment ten nie jest jednolity, głównie występuje tutaj oktonar jambiczny:

$$\cup \stackrel{\_}{\_} \cup \stackrel{\_}{\_} \cup \stackrel{\_}{\_} \cup \stackrel{\_}{\_} \mid \cup \stackrel{\_}{\_} \cup \stackrel{\_}{\_} \cup \stackrel{\_}{\_} \cup\cup$$

niekiedy jednak także bakchej ($\cup \stackrel{\_}{\_} \stackrel{\_}{\_}$) i *colon Reizianum* $\frac{\cup\cup}{\cup} \stackrel{\_}{\_} \frac{\cup}{\cup\cup} \stackrel{\_}{\_} \cup$ (nazwany tak na cześć niemieckiego filologa żyjącego w XVIII w., J. W. Reiza) oraz bardzo rzadkie metrum zwane sotadejskim:

$$\stackrel{\_}{\_}\stackrel{\_}{\_}\cup\cup \mid \stackrel{\_}{\_}\stackrel{\_}{\_} \cup\cup \mid \stackrel{\_}{\_}\stackrel{\_}{\_} \cup\cup \mid \stackrel{\_}{\_}\stackrel{\_}{\_}$$

(od greckiego poety z III w. p.n.e., Sotadesa). Przekład stara się naśladować tę różnorodność metryczną.

w. 175 NOCNE STRAŻE – w Rzymie ulice patrolowała straż zwana *tresviri* lub *triumviri nocturni* (Liwiusz, *Dzieje Rzymu od założenia miasta* 39,15,2). *Prawo XII tablic* przewidywało kary dla rabusiów napadających nocą przechodniów, ale – jak widać – nie odstraszało to rzymskiej młodzieży.

w. 177 MNIE PRAWO NIE CHRONI – Sozja jako niewolnik nie ma żadnych praw.

w. 179n. I OŚMIU, NIESTETY AŻ OŚMIU – prawdopodobnie była to urzędowo ustalona liczba wykonawców tego rodzaju kary, bowiem Plaut także w sztuce *Aulularia* wymienia ośmiu urzędników asystujących przy chłoście. Sozja z goryczą podkreśla, że aż ośmiu ludzi oddelegują do zbicia jednego niewolnika. Zresztą później czarny humor też go nie opuszcza, gdy mówi, że spotka go oficjalne przyjęcie jak kogoś ważnego, powracającego do kraju.

w. 187–197 PRACA U MOŻNYCH... – Rzymian zapewne bardzo bawiła ta tyrada w ustach niewolnika, oceniającego rozkazy swego pana i decydującego, które z nich są właściwe, a które niepotrzebne. Publiczność ani przez chwilę nie miała złudzeń, że jest to żart, *dominus Romanus* miał bowiem nad niewolnikiem prawo życia i śmierci.

w. 203n. NIEWOLNIK, GORSZY WRĘCZ OD DZIADA! – Sozja nie słyszał Merkurego, a mimo to powtórzył jego ostatnie słowa. W ten sposób nie tylko potwierdził fakt, że jest niewolnikiem, ale też dzięki pewnej dwuznaczności nie pozostawił wątpliwości co do tego, jakim jest szubrawcem.

w. 205 NIECH POLLUKS STRZEŻE – por. *Żołn*. obj. do w. 232.

w. 206n. NIE CHCIELI ODPŁACIĆ MI SZCZERZE TYM, NA CO ZASŁUŻYŁEM – religijność rzymska – jak już wspomnieliśmy – opierała się na zasadzie *do, ut des* (por. obj. do w. 1n). Śmiertelnicy składali dary, aby w zamian coś od bogów otrzymać, ci zaś otaczali ludzi opieką z wdzięczności za ofiary. Sozja więc słusznie się obawia, że chociaż on nie podziękował bogom za ich zasługi, to jednak oni mogą mu odpłacić za jego opieszałość, a wówczas rachunek nie będzie korzystny dla niewolnika. Bogowie nie tylko pozbawią go swojej ochrony, ale jeszcze ukarzą za to, że okazał niewdzięczność, nie składając ofiar dziękczynnych w odpowiednim terminie.

w. 218 POD SZCZĘŚLIWYM PRZYWÓDZTWEM – Rzymianie wymagali od swych wodzów nie tylko wiedzy i kompetencji, ale także, by cieszyli się opieką bogów i mieli szczęście na polach bitew. Dlatego wśród przydomków władców i wodzów często pojawiają się: *Felix* (Szczęśliwy) i *Faustus* (Pomyślny).

w. 231nn. Oświadczenie, z którym Amfitrion wysłał posłów do Telobojów, przypomina uroczyste formuły prawne wzorowane na *Prawie XII tablic*.

w. 245n. ICH UZBROJENIE... BĘDZIE W CENIE – Sozja już wcześniej powiedział, że ta wyprawa wojenna przyniosła liczne łupy, których niemałą część zawsze stanowiło uzbrojenie wroga. Dowodem może być anegdota przekazana przez Aulusa Gelliusza (*Noce attyckie* 5,5) o Antiochu, który krótko przed wystawieniem *Amfitriona* został pięciokrotnie pokonany przez Rzymian na lądzie i na morzu (191–190 r. p.n.e.). Tenże Antioch, szykując się do wyprawy zbrojnej przeciwko Rzymianom, pokazał Hannibalowi swoje wojska, wyposażone w bogato zdobioną broń, i zapytał: „Sądzisz, że wystarczy tego dla Rzymian?". Hannibal miał wówczas odpowiedzieć: „Myślę, że wystarczy, chociaż są bardzo chciwi".

w. 247–282 CANTICUM – ten fragment napisany w kretykach ($-\cup-$) był wykonywany z towarzyszeniem instrumentu. Przekład stara się oddać zmianę metrum i dlatego sugeruje wykonywanie tej partii jako arii lub piosenki. Sozja, by oddać nastrój bitwy, posługuje się onomatopeją. Uczeni nie są zgodni co do tego, czy fragment ten jest naśladowaniem wielkich eposów (np. *Iliada* i *Odyseja* Homera), czy raczej przykładem ich parodii (np. *Batrachomyomachia*, tj. „Wojna żabio-mysia"). Sozja jednak wykorzystuje dość rzadkie, wyszukane słownictwo i pompatyczną retorykę, która daje niekiedy komiczne efekty; np. mówiąc, że: *Hostes crebri cadunt, nostri contra ingruont* („ciała wrogów się wznoszą jak stos, szturmujemy na ich barykadę", w. 272n.), chce powiedzieć, że mimo licznych trupów po stronie przeciwnika, wojska Amfitriona nadal zawzięcie walczą, ale sens tej wypowiedzi jest taki, że depczą i tratują ciała zabitych. Podobnie nieco dalej, w wersie 285, gdzie dziwna składnia: *Perduelles penetrant se in fugam* („Resztki wroga szukają siebie do odwrotu") sprawia, że wyrażenie nabiera nieco innego sensu. Kiedy mówi o karności nieprzyjaciół, jako dowód ich zdyscyplinowania podaje fakt, że nawet padając, zachowują szyk (w. 278). Opisana tutaj taktyka i decydujące zwycięstwo, odniesione dzięki atakowi konnicy z prawego skrzydła, jest typowym przykładem techniki walk stosowanej od czasów Aleksandra Wielkiego (Pyrrus pod Heraklają i Benewentum; Hannibal nad Ticinus i Trebią; Scypion pod Zamą). Duch, język i cała atmosfera tego opisu przywodzą na myśl zachowane fragmenty *Bellum Punicum* Newiusza.

w. 287 CO TYŁEM ZWRÓCIĆ SIĘ OŚMIELA – w starożytności uważano rany na plecach za przynoszące ujmę na honorze, były bowiem dowodem, że zadano je podczas ucieczki.

w. 294nn. ODDALI SIEBIE – pokonani składali zwycięzcy w ofierze nie tylko siebie i swe dzieci, ale także wszelkie dobra należące do państwa i jego mieszkańców oraz wystawione bogom świątynie. Była to kapitulacja bezwarunkowa.

w. 316 NIEDŹWIEDZICA, PAS ORIONA – konstelacje równikowe, widoczne na niebie gołym okiem.

w. 319 NOCY! – Merkury ma lepsze informacje niż Sozja i wie, że Noc nie śpi gdzieś pijana, lecz na rozkaz Jowisza przedłuża swoją służbę, żeby ojciec bogów i ludzi mógł nacieszyć się Alkmeną.

w. 324n. GDY ZBITY... WISIAŁEM – niewolnika poddawanego chłoście przywiązywano do słupa.

w. 338 NIESZCZĘŚCIA... NIESIE – cechą charakterystyczną języka Plauta – o czym już wspominaliśmy – są liczne aliteracje oraz anafory. Ponieważ polszczyzna nie gustuje w takich figurach retorycznych, przekład stara się oddać jedynie te, które dobrze brzmią po polsku; tutaj: *invenies infortunium* – „nieszczęścia... niesie" (dosłownie: „spotkasz nieszczęście").

w. 342n. CZAS NA SCHADZKI Z „PANIENKAMI" – od początku istnienia najstarszego zawodu świata kobiety tej profesji dzieliły się na tanie i bardzo ekskluzywne. Sozja podkreśla, iż noc jest tak długa, że warto ją spędzić z najbardziej luksusową heterą, opłata bowiem liczona jest od nocy, a nie od godziny.

w. 353 STRACHALEC – Plaut uwielbia neologizmy: *metuculosus* – „strachalec" to tylko jeden z wielu.

w. 377nn. NIE CHCĘ Z SOZJI BYĆ OKTAWEM – w epoce archaicznej Rzymianie nie byli zbyt pomysłowi w nadawaniu imion swoim dzieciom, poprzestawali zwykle na liczebnikach porządkowych: *Secundus* (Drugi), *Tertia* (Trzecia), *Quintus* (Piąty), *Sextus* (Szósty), *Septimus* (Siódmy), *Decimus* (Dziesiąty) – to najpopularniejsze rzymskie imiona. Żart Plauta opiera się właśnie na takim sposobie nazewnictwa. W oryginale Merkury mówi o czterech zabitych, a Sozja boi się, że zmieni imię na *Quintus*. Język polski nie ma imion pochodzących od liczebników, stąd w przekładzie wykorzystano imię Oktawiusz (Oktaw, tj. Ósmy), które choć dziś mało popularne, jest jednak spotykane (np. znany filolog klasyczny – Oktawiusz Jurewicz).

w. 384nn. PIĘŚCIAMI POCZĘSTUJĘ – Sozji wszystko kojarzy się z jedzeniem. Jest to pierwszy z wielu żartów opartych na podwójnym znaczeniu wyrazów – dosłownym i przenośnym. Merkury, chcąc dostosować się do poziomu Sozji, waży swoje ręce jak jedzenie, Sozja natomiast rozumie to dosłownie.

w. 399nn. CIOS PODOBNY DO GŁASKANIA – fragment ten nawiązuje do znanego epizodu z *Odysei* Homera (18,90nn.), kiedy Odys zastanawia się, jak powinien uderzyć Irosa, i wybiera cios łagodny, który jednak sprawia, że przeciwnik ma wybite zęby, złamaną szczękę i broczy krwią. Fragment ten był powszechnie czytany w rzymskiej szkole, stąd publiczność nie miała trudności ze zrozumieniem aluzji.

w. 428 PO PODRÓŻY TU MAM FALE – Sozja przypłynął z wojny statkiem, sugeruje więc, że w dalszym ciągu cierpi jeszcze na morską chorobę. Jest to oczywiście wymówka. Znając jednak skłonność Sozji do wina, można także podejrzewać, że nie tylko morze jest przyczyną jego złego samopoczucia.

w. 432nn. JAKIEŚ „NIC" TU ZE MNĄ GADA – znów bardzo czytelna, choć nie najzgrabniejsza aluzja do *Odysei* Homera, a w szczególności do spotkania Odysa z Polifemem: „Podstępem, przyjaciele, postępem, a nie siłą zabija mnie Nikt!" (9,408; przełożył J. Parandowski).

w. 452 Z TYM WULKANEM – Plaut wyraźnie parodiuje w tym miejscu styl tragedii, w której najbardziej prozaiczne rzeczy kryły się pod wyszukanymi metaforami i porównaniami. Tutaj latarnia została nazwana Wulkanem, czyli bogiem ognia.

w. 470nn. GĘBĘ CI WYPIESZCZĘ. ONA... NIE FLIRTUJE – Sozja, jak przystało na plautyńskiego niewolnika, kojarzy wszystko wyłącznie z jedzeniem, piciem i innymi przyjemnościami. Jest to jeden z wielu zawartych w tej scenie dowcipów opartych na podwójnym znaczeniu słów.

w. 476 NASZ KRÓL – to wspomniany wcześniej Kreon, który rządzi w Tebach. Merkury sugeruje, że jest jednym ze strażników pilnujących miasta pod nieobecność armii.

w. 505n. MÓJ OJCIEC TO BYŁ DAWOS – Sozja zachowuje się bardzo bezczelnie, wymienia bowiem imię swego ojca, jak zwykli czynić ludzie wysoko urodzeni (także bohaterowie tragedii). Zgodnie z zasadami prawa rzymskiego niewolnik nie miał ojca, był tzw. *nullo patre*. Merkury udaje jednak, że poczytuje to za próbę zrzucenia winy na Dawosa. Dawos to popularne imię niewolnika. Por. także w. 886 oraz *Żołn.* w. 451n. i obj.

w. 534 ZNÓW PRZYŁOŻĘ, BOŚ GADUŁA – Sozja dostaje lanie za to, że uporczywie powtarza, iż jest Sozją.

w. 546, 548 SOZJUSZEM AMFITRIONA / SOJUSZEM AMFITRIONA – w oryginale Plaut wykorzystał podobieństwo słów: *Sosia* i *socius* ('towarzysz'). Pamiętając, że w czasach Plauta każde „c" wymawiano jako „k", trzeba przyznać, że ta paronomazja raczej się komediopisarzowi nie udała. W języku polskim jedyne słowa zaczynające się na *soc-* kojarzą się z socjalizmem. Dlatego w przekładzie posłużono się imieniem Sozji z łacińską końcówką rodzaju męskiego – Sozjusz (*nota bene*: taka wersja imienia pojawia się też w *Amfitrionie* Heinricha von Kleista; zob. „Wstęp", s. 165).

w. 589 STATEK, KTÓRY Z PERSJI PŁYNIE – Telobojowie zamieszkiwali Leukadię – wyspę położoną na północ od wejścia do Zatoki Korynckiej. Teby natomiast leżą w Beocji, ale nie nad morzem. Z punktu widzenia geograficznej poprawności Sozja nie może odbyć pięciokrotnie w ciągu jednego dnia drogi z portu do pałacu. Amfitrion, wyruszając na wojnę, musiał najpierw dotrzeć do wybrzeża. Na Leukadię miałby zdecydowanie bliżej z portu leżącego w Zatoce Korynckiej, ale – jak można się domyślać z tekstu – wypłynął na wojnę z portu położonego na płn.-wsch. wybrzeżu Beocji. Port ten zwany był perskim (u Plauta: *portus Persicus*), bo – jak podaje Festus (*Zarys dziejów narodu rzymskiego* 238 L) – stacjonowała tam flota perska podczas wojen grecko-perskich (V w. p.n.e.). Zastanawiające są jednak dwie kwestie: 1) historia Amfitriona rozegrała się ok. 700 lat przed wojnami perskimi (więc port nie mógł się wtedy tak nazywać); 2) Amfitrion, wyruszając z portu perskiego, musiał opłynąć cały Peloponez, a przecież bliżej miał przez Zatokę Koryncką. Niewątpliwie Plaut popełnił tutaj pomyłkę (jak Szekspir – umieszczając Czechy nad morzem), ale nie ma to większego znaczenia dla fabuły komedii.

w. 617n. OPATRZONA JEST PIECZĘCIĄ – Rzymianie jako jedyną ozdobę nosili pierścień z indywidualnie dobranym znakiem, który był także używany do sygnowania pieczęci.

w. 637 CZYSTE WINO – Merkury mówi o czystym winie, czyli bez domieszki nawet jednej kropli wody. W starożytności pito wyłącznie wino mieszane w odpowiednich proporcjach z wodą; stosunek 1:1 uchodził za właściwy pijakom, a picie czystego wina uważano za ostatnią fazę alkoholizmu.

w. 648nn. JA SIĘ KLNĘ NA MERKUREGO – publiczność rzymska nieźle musiała się bawić, słysząc, jak Merkury przysięga sam na siebie, że Jowisz ceni sobie więcej jego słowo niż przysięgi Sozji.

w. 661 ZNAM JĄ Z LUSTRA – za lustro służyły w starożytności wypolerowane płyty ze srebra lub mosiądzu.

w. 662 KAPELUSZ – Sozja, mówiąc o kapeluszu, ma na myśli *petasos* – kapelusz podróżny z szerokim rondem osłaniającym twarz przed słońcem; por. obj. do w. 158n., zob. także *Żołn.* obj. do w. 1493.

w. 682n. SWOJEJ PANI? SWOJEJ MOŻESZ – Merkury twierdzi, iż pani Sozji nie jest tą, która mieszka w pilnowanym przez niego domu.

w. 693n. DOPIERO UMARŁEMU MASKĘ Z TWARZY SIĘ ZDEJMUJE – wielkie rody rzymskie kultywowały tradycję wykonywania masek pośmiertnych – *imagines*, które traktowano potem jako cenne dobra. Merkury ma twarz Sozji, a Sozja dziwi się, że przytrafiło mu się to, co może się zdarzyć jedynie po śmierci. Komizm tego pomysłu polega również na tym, że przecież nikt nie będzie niewolnikowi wykonywał pośmiertnej maski ani też przechowywał jej jako pamiątki rodowej.

w. 699n. JAKO WYZWOLENIEC ZMIENIĘ ZARAZ SWE ODZIENIE – w oryginale mowa o tym, że Sozja ogoli głowę, dziękując w ten sposób bogom za wyzwolenie, i nałoży kapelusz zwany *pilleus*.

w. 718 ZAPEWNE O TYM NIKT JESZCZE NIE SŁYSZAŁ – ten dość długi monolog Merkurego ma przypomnieć widowni treść komedii. Merkury, mówiąc, że nikt nie słyszał o tym, co za chwilę powie, próbuje skupić uwagę widza i jeszcze bardziej go zainteresować.

w. 722n. JEDEN POD KONIEC MIESIĄCA SIÓDMEGO, DRUGI W DZIEWIĄTYM – obliczeń Plauta nie należy brać zbyt serio, opierają się bowiem na mitologii, a nie na biologicznym prawdopodobieństwie (w oryginale obliczenia opierają się na miesiącach księżycowych).

w. 724n. TEN MNIEJSZY... MA OJCA WIĘKSZEGO – w oryginale przymiotniki *minor / maior* oznaczają zarówno młodszego / starszego, jak i większego / mniejszego – w sensie dosłownym i przenośnym. Chłopiec urodzony w siódmym miesiącu jest synem Jowisza – a więc mniejszy, młodszy jest synem większego, potężniejszego ojca; i *vice versa*.

w. 731 TAJNE SCHADZKI ZOSTANĄ W UKRYCIU – starożytni wiedzieli, że bogu w równym stopniu zależy na tym, by utrzymać romans w tajemnicy przed Junoną, jak i na tym, by zadbać o honor i cześć Alkmeny.

w. 742 WZNIEŚ W GÓRĘ DZIECIĘ – w Rzymie istniał zwyczaj, że ojciec nowo narodzonego dziecka podnosił je do góry, uznając wobec wszystkich za swojego potomka. Jowisz prosi Alkmenę, by dokonała tego obrzędu w jego imieniu. Jeśli rodzice nie podnieśli dziecka, zostało ono porzucane (co również było częstym tematem komedii nowej).

w. 755nn. TWOJA ŻONA – oczywiście Merkury myśli o Junonie, która często robiła Jowiszowi awantury z zazdrości. Alkmena, mówiąc o żonie (w. 753), myślała o sobie.

w. 762n. NIE MA CZŁOWIEKA, KTÓRY KOCHAŁBY SWĄ ŻONĘ BARDZIEJ – słowa Merkurego są bardzo dwuznaczne. Alkmena rozumie je dosłownie: nikt nie kocha swej żony bardziej, niż ją kocha Amfitrion. Jowisz natomiast, który zna przecież fortele swego syna, Merkurego, odkrywa w nich inne znaczenie: Jowisz jest bogiem i nikt nie może się z nim równać.

w. 783 KIELICH PTERELI – Jowisz ofiarowuje Alkmenie złoty kielich króla Ptereli, który tak naprawdę otrzymał Amfitrion.

w. 791nn. BĄDŹ ZDROWA – zob. *Żołn.* obj. do w. 1363. Tutaj Alkmena, zamiast zachować konwencję pożegnania, wyznaje, że woli być kochana i chce, by mąż wrócił jak najprędzej.

w. 796 PRĘDZEJ NAWET, NIŻ MYŚLISZ – Jowisz wie przecież, że Amfitrion wraca do domu i za chwilę przybędzie.

w. 803–854 CANTICUM – ponownie partia śpiewana przy akompaniamencie muzyki. Plaut wykorzystał tutaj bakcheje oraz *colon Reizianum*; por. wyżej obj. do w. 171–246. Przekład stara się naśladować różnorodność i zmienność metryczną oryginału.

w. 860 I ARGUMENTY, I GRZBIET ZBIĆ – Sozja przede wszystkim myśli o tym, że Amfitrion potrafi zbić jego twierdzenia za pomocą zupełnie logicznych argumentów, których on sam nie może odrzucić. Jak to jednak u Plauta często bywa, wypowiedź ta ma także drugie, bardziej dosłowne znaczenie – Amfitrion przecież niedwuznacznie obiecuje lanie.

w. 911–937 CANTICUM – partia ta, napisana w bakchejach (por. obj. do w. 171–246), odznacza się pewnym dostojeństwem. Jej ton i nastrój (często nazywa się ją lamentem) bardziej przypomina tragedię niż komedię, a sama Alkmena jest przedstawiona jako idealna żona i matka, słowem – wzór matrony rzymskiej. W żadnej komedii Plauta nie ma postaci kobiecej potraktowanej tak serio. Przekład stara się naśladować różnorodność metrum.

w. 943 OD RAZU, W PIERWSZYM STARCIU – wprawdzie Amfitrion pokonał wrogów w pierwszym starciu, ale samo dotarcie do pola bitwy zajęło mu kilka miesięcy; por. wyżej obj. do w. 589.

w. 953 WSZYSCY – NAJEDZENI – Alkmena jest w dziewiątym (i siódmym – z Jowiszem) miesiącu ciąży. Sozja, który wszystkich i wszystko mierzy własną miarą i kojarzy albo z piciem, albo z jedzeniem, uważa duży brzuch za efekt obżarstwa.

w. 957 GDY PRZY NOSZENIU WODY JEST NAJWIĘKSZA PRACA – Sozja ma na myśli poród, który nieodłącznie związany jest z dodatkową pracą dla służby, m.in. przy noszeniu wody.

w. 964nn. AMFITRION POZDRAWIA – Amfitrion wygłasza swoje powitanie w stylu wysokim, charakterystycznym dla tragedii.

w. 980 ZŁY OMEN – Rzymianie obserwowali ptaki i z ich lotu próbowali odgadnąć wolę bogów (*auspicia*). Zwykle wodzowie i kapłani (augurowie) posiadali prawo do interpretacji takich przepowiedni. Alkmena podejrzewa, że może złe znaki sprawiły, iż Amfitrion zmienił swoje plany.

w. 989 POCZEKAJ, AŻ SIĘ WYŚPI! – wypowiedź Sozji jest dwuznaczna: z jednej strony sugeruje, że Alkmena opowiada rzeczy, które jej się przyśniły, z drugiej jednak używa czasownika *edormiscere* – 'wytrzeźwieć, wyspać się'. Sozji bowiem nieodmiennie wszystko kojarzy się z jedzeniem i piciem.

w. 995n. JAK BARDZO SZALONE SĄ BACHANTKI – jest to aluzja do Bachanaliów; por. *Żołn.* obj. do w. 1076 i 1079.

w. 1014 ZŁE PRZEPOWIEDNIE – Alkmena jest przesądna i boi się, że złe słowa Sozji mogą zaszkodzić dziecku.

w. 1015n. TAKIE ZIÓŁKO MAM W DOMU! ZIÓŁ CI TRZEBA – w oryginale zabawa homonimami: *malum* – (tu:) 'kara' i *malum* – 'jabłko'.

w. 1028 BY WROGÓW POKONAĆ – oczywiście często wspominane tutaj plemię Telobojów.

w. 1034 SEN TAK PROROCZY – Rzymianie wierzyli w prorocze sny (częsty motyw w komedii), za które składano bogom ofiary; por. *Żołn.* w. 469nn. Alkmena złości się, że Sozja podaje w wątpliwość jej słowa i widzi w całym zdarzeniu jedynie sen. Dlatego grozi mu, że przypłaci zuchwalstwo głową, ale Sozja dwuznacznie odpowiada, nadając zakończeniu zdania inny sens, niż wskazywał na to początek.

w. 1073 TESSALA – niewolnica, prawdopodobnie z Tessalii, ma bowiem imię utworzone od nazwy krainy (*nomen ethnicum*). W komedii występuje wielu niewolników noszących tego typu imiona: *Cario* – z Karii, *Syrus* – z Syrii, *Lydus* – z Lidii. Można także to imię uznać za pogardliwy synonim niewolnicy, bez względu na to, czy rzeczywiście pochodzi z Tessalii czy nie.

w. 1118 PRZY UCZCIE... SPOCZYWAMY – zarówno Grecy, jak i Rzymianie podczas uczt spoczywali na łożach przypominających dzisiejsze sofy, które ustawiano z trzech stron wokół stołu z potrawami; taki komplet sof, a zatem i jadalnię w ogóle, zwano po grecku *triklínion*, po łacinie *triclinium*.

w. 1131 Z MĘŻA JEST ŻONA – ten, może nie najbardziej błyskotliwy, dowcip opiera się na podwójnym znaczeniu słowa „mąż" – 'małżonek' i 'mężczyzna'. Sozja logicznie wnioskuje, że skoro Amfitrion nie uważa już siebie za męża, to zapewne zmienił płeć. Należy dodać, że Plaut uwielbia tego rodzaju kalambury.

w. 1151 NA MATKĘ – JUNONĘ – Junona była uważana za boginię-matkę rodziny (tak w oryginale: *mater familias*). Modliły się do niej rzymskie matrony i kobiety oczekujące rozwiązania. Tutaj przysięga złożona na nę stanowi dowód, że Alkmena jest idealną żoną i matką.

w. 1162nn. MAM NIEWINNOŚĆ, SKROMNOŚĆ – takie wyliczanie cnót bohaterki nie mieści się w granicach tradycyjnej Plautyńskiej komedii i z całą pewnością bliższe jest stylowi tragicznemu.

w. 1170 PRZEZ ZASIEDZENIE – Sozja przestrzega Amfitriona, że ten, kto używa jego ciała, może „poprzez zasiedzenie" doprowadzić do sytuacji, w której Amfitrion straci prawa do swojej własnej postaci.

w. 1190–1208 Ta scena, z punktu widzenia fabuły zupełnie niepotrzebna, została wprowadzona przez Plauta ze względu na rzymską publiczność. Jowisz zwraca się do słuchaczy jakby po raz pierwszy, przypominając informacje podane już w prologu. To powtórzenie miało ułatwić widzom (często pochłoniętym rozmową) śledzenie dalszej akcji.

w. 1193 TAM, GDZIE TA ATTYKA – przypuszcza się (na podstawie malarstwa wazowego, pokazującego historię Amfitriona na deskach teatralnych – zob. il. 1), że zabudowa sceny posiadała także kondygnację, na której ukazywali się bogowie. Attyka to ozdobna balustrada wieńcząca elewację budynku i zasłaniająca dach.

w. 1210–1301 Jest to jedyna scena dialogowa, w której użyto senaru jambicznego (por. *Żołn.* obj. do aktu I, sceny 1), co oznacza, że była wyłącznie recytowana, bez akompaniamentu. Dotychczas Plaut używał tego metrum w dłuższych monologach, zwłaszcza w prologach lub partiach komentujących to, co się dzieje na scenie. Prawdopodobnie komediopisarz uznał, że dłuższy wers (septenar lub oktonar) z akompaniamentem muzycznym nie byłby odpowiedni dla tak bardzo poważnej, chciałoby się powiedzieć – tragicznej sceny.

w. 1269 ODDAJ MÓJ POSAG – Alkmena wypowiada tutaj formułkę prawną stosowaną w legalnej procedurze rozwodowej. Już w *Prawie XII tablic* istniał zapis: *Si vir ab uxore divortit, uxori res suas sibi habere iubeto* („Jeśli mąż rozwodzi się z żoną, niech każe jej zatrzymać swoje rzeczy"). Po wypowiedzeniu tej formułki Alkmena nie ma prawa domagać się niczego więcej od swego męża, tym bardziej zaś od Jowisza, do którego skierowała swe pytanie.

w. 1298n. BĘDZIEMY Z NIEGO MIELI ZABAWĘ – być może Plaut wprowadził zabawną scenę, ukazującą trudności Blefarona w rozstrzygnięciu, który z dwóch sobowtórów jest Amfitrionem, ale niestety dzisiaj tym fragmentem nie dysponujemy.

w. 1354nn. RUSZAĆ SIĘ! DALEJ Z DROGI! – typowym zachowaniem niewolnika w komediach Plauta było bieganie po scenie i roztrącanie przechodniów (zob. il. 4). Miało to być wyrazem jego pośpiechu, a także powagi misji, z jaką go wysłano. Merkury zastanawia się, co daje mu większe prawo do bezceremonialnego traktowania przechodniów – to że jest bogiem czy to, że gra rolę niewolnika.

w. 1371 WŁOŻĘ WIENIEC NA GŁOWĘ – Rzymianie, podobnie jak Grecy, podczas uczt zakładali wieńce na głowę. Taki rekwizyt ma więc tu być znakiem, że Merkury przed chwilą opuścił ucztę.

w. 1388 NAUKRATESA... NIE BYŁO – Amfitrion poszedł do portu, aby sprowadzić krewniaka Alkmeny, Naukratesa, który miał zaświadczyć, że Amfitrion spędził noc na statku.

w. 1391nn. CAŁE MIASTO – wymieniane przez Amfitriona miejsca wskazują raczej na miasto greckie niż rzymskie; świadczą o tym nazwy: *gymnasia* – 'miejsca rekreacji i ćwiczeń sportowych', *myropolia* –'sklepy z pachnidłami', *emporium* – 'targowisko', *macellum* – 'plac targowy' czy *palaestra* – 'plac do ćwiczeń fizycznych'. Z drugiej jednak strony Rzymianie chętnie posługiwali się tego rodzaju nazwami greckimi.

w. 1395 ODWIEDZIŁEM GOLARZA – zakład fryzjerski był w starożytności miejscem spotkań plotkarzy.

w. 1416 JAKO STARZEC – Amfitrion na pewno nie był wiekowy. Określenie „starzec" odnosi się do konwencjonalnego typu postaci, jaką Amfitrion przedstawia na scenie. W komedii rzymskiej nie ma miejsca dla osób w wieku średnim; zarówno mężczyźni, jak i kobiety mogą być zakwalifikowani do jednej z dwóch grup wiekowych: są to młodzieńcy i panny albo starcy i matrony. Amfitrion jest raczej młody, choć należy podkreślić, że w starożytności mężczyźni nie żenili się zbyt wcześnie.

po w. 1419 L. Havet oszacował, że z tekstu wypadły 272 wersy, Amfitrion byłby więc jedną z dłuższych sztuk Plauta (1418 wersów w oryginale).

w. 1430 SZARLATANA Z TESSALII – Tessalia była krainą słynącą z czarownic i czarnoksiężników.

w. 1440–1467 CANTICUM – to *canticum* jest doskonałym przykładem komediowego potraktowania tak charakterystycznej dla tragedii mowy posłańca. Bromia występuje tutaj w klasycznej funkcji postaci referującej, co zdarzyło się poza sceną. Język pełen jest podniosłych sformułowań, przeplatanych pospolitymi kolokwializmami, co daje silny efekt komiczny. Partia ta jest napisana w bardzo różnych metrach. Najpierw występują jambiczne oktonary (por. obj. do w. 171–246), następnie dwa septenary anapestyczne ($\overline{\cup\cup} \stackrel{\perp}{} \overline{\cup\cup} \stackrel{\perp}{} | \overline{\cup\cup} \stackrel{\perp}{} \overline{\cup\cup} \stackrel{\perp}{} || \overline{\cup\cup} \stackrel{\perp}{} \overline{\cup\cup} \stackrel{\perp}{} | \overline{\cup\cup} \stackrel{\perp}{} \cup$), trocheiczne septenary ($\stackrel{\perp}{} \cup \stackrel{\perp}{} \cup \stackrel{\perp}{} \cup \stackrel{\perp}{} \cup || \stackrel{\perp}{} \cup \stackrel{\perp}{} \cup \stackrel{\perp}{} \cup \breve{\cup}$) i znów jambiczne oktonary. Całości towarzyszył akompaniament *tibiae* – czyli greckich aulosów (porównywanych często z obojem), a sama Bromia wykonywała ekspresyjny taniec w rytm muzyki.

w. 1467 JOWISZ GO OŚLEPIŁ... PIORUNAMI – pojawienie się na niebie pioruna było zawsze odczytywane jako znak od Jowisza. Zresztą często piorun był nazywany po prostu Jowiszem, tak jak miłość to Wenus, a wino – Bachus.

w. 1489 ZAKRYWA SWOJĄ GŁOWĘ – Rzymianie podczas wznoszenia modłów zakrywali głowy brzegiem szaty.

w. 1506 DWA WĘŻE Z GRZYWAMI (*angues iubati*) – grzywiaste węże wiają się w literaturze rzymskiej jako znaki wróżebne od bogów (Liv *Dzieje Rzymu od założenia miasta* 43,13,4; Wergiliusz, *Eneida* 2,206). Oczywiście są to zwierzęta mitologiczne, wyposażone w grzywę, która umożliwia latanie. Takie właśnie węże oplotły Laokoona i jego synów na wybrzeżu trojańskim.

w. 1507 WPEŁZŁY PRZEZ DACH – tj. przez *impluvium*; por. *Żołn*. obj. do w. 182.

w. 1517 ZABIŁ WĘŻE – Plaut skorzystał tutaj z wersji mitu, jaką podaje Pindar (Scholia do *Ód olimpijskich* 14,2), który twierdzi, że Herkules zabił węże w dniu swego urodzenia. Inni poeci przesuwają to wydarzenie na czas późniejszy – Pseudo-Apollodor mówi (*Biblioteka* 2,4,9–10), że Herakles zdusił gady w ósmym miesiącu życia, a Teokryt (24: *Herakles dzieckiem* 1), że w dziesiątym.

w. 1529 TEJREZJASZ (*Teresias*) – znany całej starożytności wróżbita przepowiadający przyszłość. Postać ta pojawiała się w wielu tragediach greckich.

w. 1547 DAJCIE GROMKIE OKLASKI (*clare plaudite*) – por. *Żołn*. obj. do w. 1863. Ostatnia kwestia mogła być wygłaszana przez Amfitriona, ale także przez całą trupę teatralną.

ILUSTRACJE

il. 1 Zeus z pomocą Hermesa uwodzi Alkmenę. Waza tzw. *phlyakes*, Watykan. [Za:] A. Kappelmacher: *Die Literatur der Roemer bis zur Karolinger Zeit*. Potsdam 1934.

il. 2 Maska „złotej hetery" jest materialnym dowodem urody heter, która tylekroć była wspominana w komediach. Odlew maski, Watykan. Zbiory własne.

il. 3 Zeus-Jupiter (po lewej) w *pallium*, a Hermes-Merkury (po prawej) w tunice i lekkiej chlamidzie, w charakterystycznym kapeluszu i sandałach ze skrzydełkami. Waza grecka, Watykan. [Za:] M. G. Houston, *Ancient Greek, Roman and Byzantine Costiume and Decoration*. London 1947.

il. 4 „Biegnący niewolnik" z charakterystycznie zwiniętym płaszczem, aby nie krępował ruchów. Figurki terakotowe, Ateny. [Za:] M. Bieber, *Die Denkmäler zum Theaterwesen im Altertum*. Berlin–Leipzig 1920.

il. 5 Maski niewolników. Odlewy masek, Berlin. Zbiory własne.

SPIS RZECZY

Ewa Skwara – Mistrz konceptu 5

KOMEDIE
   ŻOŁNIERZ SAMOCHWAŁ 29
   AMFITRION 161

Przypisy 253
Ilustracje 281

W serii
BIBLIOTEKA ANTYCZNA

HOMER
Odyseja
(w przekładzie Jana Parandowskiego)

■

Priapea
(w przekładzie Jerzego Ciechanowicza)

■

PROKOPIUSZ Z CEZAREI
Historia sekretna
(w przekładzie Andrzeja Konarka)

■

WITRUWIUSZ
O architekturze ksiąg dziesięć
(w przekładzie Kazimierza Kumanieckiego)

■

APULEJUSZ
Metamorfozy albo Złoty osioł
(w przekładzie Edwina Jędrkiewicza)
Apologia czyli w obronie własnej księga o magii
(w przekładzie Jana Sękowskiego)

■

LONGOS
Dafnis i Chloe
(w przekładzie Jana Parandowskiego)

■

HOMER
Iliada
(w przekładzie Kazimiery Jeżewskiej)

∎

HEZJOD
Narodziny bogów (Teogonia)
Prace i dni
Tarcza
(w przekładzie Jerzego Łanowskiego)

∎

CEZAR
O wojnie domowej
(w przekładzie Jana Parandowskiego)

∎

ARYSTOFANES
Komedie, tom I: *Acharnejczycy, Rycerze,*
Chmury, Osy, Pokój
(w przekładzie Janiny Ławińskiej-Tyszkowskiej)

∎

AMMIANUS MARCELLINUS
Dzieje rzymskie, tom I:
(w przekładzie Ignacego Lewandowskiego)

∎

FILODEMOS
O muzyce
O utworach poetyckich
Epigramy
(w przekładzie Krystyny Bartol)

w przygotowaniu:

AMMIANUS MARCELLINUS
Dzieje rzymskie, tom II:
(w przekładzie Ignacego Lewandowskiego)

■

CYCERON
Filipinki
(Mowy przeciw Antoniuszowi)
(w przekładzie Karoliny Ekes)

■

ARYSTOFANES
Komedie, tom II: *Ptaki, Lizystrata, Thesmoforie, Żaby, Sejm kobiet, Plutos*
(w przekładzie Janiny Ławińskiej-Tyszkowskiej)

■

POLIAJNOS
Podstępy wojenne
(w przekładzie Małgorzaty Borowskiej)

■

FIZJOLOG
(w przekładzie Katarzyny Jażdżewskiej)